W0052122

Walter Kuchler

Die neue Skitechnik

Leichter Skifahren
Schwung für Schwung

Mit Fotos von Dieter Menne

Rowohlt

rororo sport –
herausgegeben von Bernd Gottwald

Autor und Verlag bedanken sich bei der Firma
«Kanne Brottrunk» für die freundliche Unterstützung
bei der Entstehung dieses Buches

Originalausgabe
Layout Angelika Weinert
Umschlaggestaltung Peter Wippermann/Jürgen Kaffer
(Foto: Dieter Menne)
Veröffentlicht im Rowohlt Taschenbuch Verlag GmbH,
Reinbek bei Hamburg, November 1989
Copyright © 1989 by Rowohlt Taschenbuch Verlag GmbH,
Reinbek bei Hamburg
Lithographie Reprostudio Kroke · Leppin
Bildquellen siehe Seite 186
Satz Times (Linotron 202)
Gesamtherstellung Clausen & Bosse, Leck
Printed in Germany
2280-ISBN 3 499 18680 2

Inhalt

Einführung

Man schreibt das Jahr 1060:

«Hemming klomm nun den Berg in die Höhe, trat oben auf seine Schneeschuhe und fuhr dann den Berghang hinab. Jäh raste er herunter. Es war fast ein Wunder, daß es kein Todessturz ward. Doch blieben die Schneeschuhe fest an seinen Füßen haften. Nun kam er herab zum Standorte des Königs und seiner Mannen. Am äußersten Rande der Klippe stemmte er seinen Schistab ein und schwang sich in die Luft. Die Schneeschuhe flogen unter ihm hinweg, und Hemming faßte Fuß auf dem äußersten Felsvorsprung.»

Das Skifahren war schon immer faszinierend, wie die fast 1000 Jahre alte Schilderung einer Abfahrt zeigt. (Aus der Sammlung Thule XVII 3000 oder in E. Mehls Weltgeschichte des Schifahrens, Seite 75.) Aber nicht nur Abfahrten auf Leben und Tod lassen den Atem stocken. In allem Skifahren steckt für den Menschen immer etwas vom Abenteuer, von Kühnheit, von Geschicklichkeit und von Schönheit. Eine der Grundlagen hierfür ist die *Skitechnik*. Wie diese fast 1000 Jahre nach der geschilderten Abfahrt aussieht, damit befaßt sich dieses Buch.

Die Skitechnik hat sich in den letzten Jahrzehnten immer schneller gewandelt. Zugleich wurde den Skifahrern immer bewußter, daß es viele verschiedene Techniken gibt, die wert sind, erlernt und praktiziert zu werden. Was

ist in diesem Prozeß der neueste Stand?

Die Antwort dieses Buches ist eine doppelte:

● Erstens: Es gibt neue Skitechniken, die hier als *Block*- und als *Diagonaltechnik* beschrieben werden.

● Zweitens: Es gibt alte Skitechniken, die man auf eine neue Art fahren kann. Dazu gehören die traditionelle *Rotationstechnik* und die zu einem Klassiker gewordene *Beinspiel*- oder *Wedeltechnik*.

Damit geht die vorliegende Konzeption über die bekannten Lehrbücher und Lehrsysteme hinaus, die sich seit 1955 in einer Ausdifferenzierung der Beinspiel- oder Wedeltechnik erschöpfen. Vergleichbare neue Ansätze sind nur in Schweden und Jugoslawien zu sehen.

Dennoch werden hier keine Techniken

«erfunden». Wie so oft sind die herrschenden Doktrinen einfach von der Wirklichkeit überholt worden. So haben die sogenannten «wilden» Skifahrer und die Skifahrer ohne große Ambitionen einfach wahrgenommen, daß man Ski auch mit einer gleichzeitigen Drehung von Körper und Ski in und um die Kurven steuern kann. Der zweite große Anstoß kommt, wie so oft in der Entwicklung, aus dem Rennlauf. Die Rennfahrer haben schon längst nicht mehr das Problem, wie Ski zu drehen, sondern wie sie zu halten sind. Aber geht es bei den heutigen Fahrverhältnissen und Ski nicht fast allen Leuten so?

Die fortgeschrittenen Techniken wie die Rotations-, Beinspiel- und Diagonaltechnik sind heute dadurch charakterisiert, daß sie mit einer sogenannten *Kreuzkoordination* gefahren werden. Bei der Rotation ist das in verdeckter Form, beim Beinspiel als mögliche Form und in der Diagonaltechnik als definitive Form der Fall. Kreuzkoordination heißt, Arme und Beine arbeiten jeweils gegenüberliegend über Kreuz. Das ist nichts anderes als die Alltagsmotorik des Gehens und Laufens. Das ergibt stabile Fahrpositionen, und es fällt leicht.

Dieses Buch will überhaupt herausstellen, daß das Skifahren immer leichter geworden ist. Besonders in den letzten 20 Jahren haben sich Entwicklungen vollzogen, die es jedermann erlauben, in kurzer Zeit das Skifahren zu erlernen. Dafür gibt es eine Reihe von Gründen.

Ein großer Lehrmeister ist die *Piste*. Seit es nicht mehr dem Zufall überlassen ist, ob man feuchten Neuschnee, zerspurten Tiefschnee, Bruchharsch oder eine gute Bahn antrifft, gelingen schon die ersten Versuche leicht, und rasch sammeln sich die wichtigsten Grunderfahrungen an. Zunächst sorgte die Masse der Skifahrer für eingefahrene Bahnen, dann garantierte die maschinelle Bearbeitung der Pisten ideale Voraussetzungen. (Daß dies inzwischen massive ökologische Probleme aufwirft, sei hier nicht verschwiegen!)

Die *Lifte* beeinflussen mehr als alles andere das Lernen. Schnell wächst das Können, und schon nach kurzer Praxis fährt ein durchschnittlicher Skifahrer an einem Tage mehr als früher in einer ganzen Saison.

Die heutigen *Ski* erlauben ein problemloses Schwingen. Es ist vor allem gelungen, den Widerspruch zwischen leichter Drehbarkeit und gutem Halt beinahe aufzulösen. ‹Intelligente› Eigenschaften der Ski leisten darüber hinaus eine Eigenführung im Schwung.

Auch die heutigen *Skischuhe* erleichtern das Skifahren erheblich. Der Schuh hat die Lücke zwischen Skifahrer und Ski gleichsam fest geschlossen, überträgt Kräfte und Aktionen genau und stellt den Ski mit Einnahme der Kurvenlage automatisch so gut auf die Kante, daß die Selbststeuerung der Ski einsetzen kann.

Mit der Übernahme der Kreuzkoordination hängt auch zusammen, daß nicht mehr die Beinarbeit vorherrscht, sondern daß viel stärker aus dem *ganzen Körper* gefahren wird. Damit gelingt es nun auch, die Kraft, die man hat, viel direkter und effektiver auf den Ski zu bringen.

Diese neuen Tendenzen stellen die jahrzehntelange Vorherrschaft der Beinspiel- oder Wedeltechnik in

Frage. Aber es wird zu zeigen sein, daß es nicht um ihre Ablösung, sondern um eine Veränderung und um Alternativen geht.

Nochmals seien die Grundaussagen des Buches angesprochen: Es gibt neue Techniken, und es gibt klassische Techniken in moderner Form. Alle diese Techniken sind leichter zu fahren, als man sich das bisher vorstellen konnte. Der Skifahrer steht vor einer nie dagewesenen günstigen Situation.

Dieses Buch will keine Anleitung zum vergnüglichen Lernen geben. Es will vielmehr aufzeigen, welches Vergnügen in den Bewegungen selbst steckt. Jede Technik birgt in sich eigene *ästhetische* und *emotionale* Gehalte, die durch ihre Verwirklichung erschlossen werden. Wer sich also eine neue Technik aneignet, begibt sich auch in eine veränderte Welt von Bewegungsgefühlen. Deshalb werden Bewegungen und Techniken nicht nur von außen her gesehen und beschrieben, sondern es wird auch eine «Innensicht» angeboten. Es wird gefragt: Wie erlebt man den Temposchwung, wie das Wedeln? Vielleicht eröffnet dies manchem Skifahrer einen direkteren und ganzheitlicheren Zugang zur Skitechnik. Vielleicht werden dadurch auch manche Frustrationen im Erlernen vermieden, verlaufen Lernprozesse positiver, angenehmer, lustvoller.

Die erlebnismäßige Sicht des Skifahrens in engerem Sinne wird durch Zitate von Fahrern gestützt. Diese spontanen Aussprüche zu den eigenen Gefühlen wurden unmittelbar auf der Piste mit Diktiergeräten aufgezeichnet. Dieses Buch will auf einer argumentativen Basis Überzeugungsarbeit leisten. Jedermann soll Annahmen und Aussagen überprüfen können. Deshalb werden *historische* Verbindungen und Abhängigkeiten aufgezeigt. Deshalb wird von grundlegenden Mechanismen auf spezielle Techniken geschlossen. Die Techniken werden auch ästhetisch und emotionell charakterisiert, und ihre jeweiligen Vor- und Nachteile werden diskutiert.

Ein besonderer Versuch ist die Einführung neuer *Beurteilungsmaßstäbe* für die verschiedenen Skitechniken. So gibt es für jeden Technikkomplex wie für jeden Einzelschwung

● eine Sicherheitsbeurteilung,
● eine Verträglichkeitsüberprüfung,
● ein Schwierigkeitstestat.

Erstmals setzt sich ein Skibuch näher mit den Dimensionen einer *guten Bewegung* auseinander. Über die bloßen äußeren Bewegungsmerkmale hinaus werden im Sport übliche und für den Skilauf spezialisierte Maßstäbe herangezogen. In Beobachtungsfragen umgesetzt, sollen sie anregen, gute und sehr gute Skifahrer auf eine neue Art zu sehen und daraus Gewinn für die eigene Fahrweise zu ziehen.

Verlag und Verfasser haben versucht, die Schönheit und Ästhetik des Skifahrens in diesem Buch umzusetzen und nachvollziehbar zu machen, und hoffen, daß dies gelungen ist. Dabei spielt neben dem großen Buchformat vor allem die Bildausstattung eine bedeutende Rolle. Hierfür stellte Dieter Menne, der für seine Sportbilder mehrfach ausgezeichnet wurde, seine Kunst zur Verfügung, und Wilhelm Kanne (Fa. Kanne Brottrunk) leistete dazu die notwendige finanzielle Unterstützung. Auch den Ausrüstern der

Demonstratoren muß in diesem Zusammenhang besonders gedankt werden, so den Firmen Franz Völkl (Ski), der Firma Marker (Skibindungen), der Firma Koflach (Skischuhe), der Firma K-Way (Skianzüge), der Firma Alpina (Skibrillen), der Firma Röckl (Skihandschuhe) und der Firma Codeba (Skimützen).

Die technische Demonstration leistete eine Dortmunder Studentengruppe. Wenn moderne Skitechnik leichter und einfacher sein soll, dann muß sie auch von normalen guten Skifahrern deutlich gemacht werden können. Die eindrucksvollen Bilder liefern diesen Beweis.

Eine Neuheit in der bildlichen Darstellung sind die Reihenbilder. Während diese sonst aus manipuliertem Bildmaterial zusammengestellt werden, wurden hier Gruppenbilder angefertigt (Teamfahren). Jedes Mitglied der Gruppe verkörpert dabei gleichzeitig eine andere Bewegungsphase, so daß auf einen Blick ein Gesamtbild entsteht. Die leichten Unterschiede in der Ausführung entsprechen dabei durchaus dem Anliegen, ganz persönliche Fahrweisen zu tolerieren und zu fördern. Im Rennsport sind vergleichbare individuelle Ausprägungen selbstverständlich.

Ein besonderes Anliegen war auch die sprachliche Fassung. Sie sollte die fachliche Theorie jedermann zugänglich machen. Für die Durchsicht des Manuskriptes ist dabei Bernd Gottwald, Dietz Eynck und Norbert Koke zu danken.

Zu den etwa 1000 Skibüchern der letzten 100 Jahre gesellt sich hiermit ein neues, von dem Verfasser und Verlag hoffen, daß es auch ein neuartiges ist. Es soll dem Leser die Faszination, die der Sportart Skilauf eigen ist, zugänglich machen, sowie Skifahrern ein großes Spektrum der Skitechnik mit neuen Sichtweisen eröffnen. Vielleicht erschließt sich ihnen dann auch das Gleiten und Schwingen in ähnlicher Weise, wie es 1936 der Norweger Mikkiel Fönhus in seinem Roman «Der Schiläufer» für einen Skisprung beschreibt:

«Die Hand, mit der er sich am Geländer festhält,... läßt los, er springt in zwei, drei kurzen Sätzen vorwärts, um sich mehr Fahrt zu geben. Dann gleitet er.
Und er hört, wie das Rauschen unter seinen Schiern immer heftiger wird, bis es ein scharfes Zisches ist; sss – sss – sss...! Der Luftzug steht ihm entgegen, umbraust ihn, er beugt sich ein wenig, seine Augen folgen den Streifen, die andere Schier vor ihm gezogen haben, zugleich aber sind sie fest auf die Schanze gerichtet. Er sinkt, sinkt immer tiefer, in immer rasenderer Fahrt, die ganze Welt ist für ihn verschwunden, sein ganzes Sein strömt in dem einen Gedanken zusammen: der Absprung, Vorlage geben, durchstehen...
Ssss – sss – sss! Die Welt hat keine anderen Laute mehr. Das Lärmen der Massen ist ausgestorben. Er duckt sich zusammen ... Jetzt!
Der zischende Laut unter seinen Schier hört plötzlich auf, die Schier verlassen die Schanze. Dann schwebt er in den Raum hinaus...»

Porträts

Die Demonstratoren:

Petra Gödde
«Aufs Skifahren bin ich immer heiß.»

Ute von der Heydt
«Es gibt nichts Schöneres als
Gleiten und Schwingen. Ich kann nie
genug davon kriegen.»

Tanja Koke
«Skifahren ist für mich eine große
Herausforderung. Ich gehe darin auf
und fühle mich unheimlich wohl.»

Beatrix Köferl
«Es macht Spaß, so miteinander
zu fahren.»

Norbert Koke
«Man stellt sich den Aufgaben.
Klappt's, dann ist das toll.»

Michael Sendlinger
«Man glaubt es nicht, aber jede
Technik fasziniert aufs neue.»

Ulrike Sendlinger
«Skifahren möchte ich nie missen.
Im Schnee fühle ich mich zu Hause.»

Achim Quattelbaum
«Man kann es schwer ausdrücken.
Man muß fahren, um davon angesteckt
und verwandelt zu sein.»

Dieter Menne (Fotograf)
«Natur, Bewegung, Farbe – einfangen
und weitergeben. Eine tolle Aufgabe.»

Elementar-technik

Die Anfänge eines Weges werden elementar genannt, beim Skifahren also das Gehen, Wenden, Aufsteigen usw. Gleich dahinter aber kommt ein Verständnis des Elementaren, das auf die Fundamente, auf das Bleibende und immer Gültige zielt. So kann man für das Skifahren feststellen: *Das Gleiten ist in allem.* Schließlich kommt noch dazu, daß es elementare Bausteine gibt, die man immer und überall braucht, wie beispielsweise die gekonnte Kantenführung oder das Kantenspiel.

In diesem dreifachen Sinne benützt der deutsche Skilehrplan den Begriff «elementar».

Hier soll eine weitere Dimension ergänzt werden, die die erwähnten Verständnisebenen alle durchdringt: Auch Änderungen und Neuerungen kommen im Gewand des Elementaren und wollen alles zumindest in einem neuen Licht zeigen. Als Tendenz, als vernachlässigte Gesetzmäßigkeit oder auch neue Erkenntnis kann das Elementare die Art und Weise des Skifahrens verändern.

Klassische Merkmale des Skilaufs

Gleiten

«Das Schöne am Gleiten ist das Spüren der Geschwindigkeit. Ein schönes Gefühl, wenn das Vibrieren der Fußsohlen und der Knie immer größer und der Fahrtwind immer·stärker wird.»

«Abfahren? Wenn dir der Sulz um die Ohren spritzt; es staucht dich zusammen, es zieht dich auseinander wie eine Sprungfeder und drückt dich wieder zusammen. Du spielst mit den Buckeln, die Buckel spielen mit dir. Es ist Kampf; du gibst dir Mühe, gibst Kraft und bekommst auch die Kraft zurück. – Abfahren ist aber auch, sich den Hang herunterzuschmusen. Weich! Es trägt dich alles, du arbeitest nicht. Der Schnee spielt um die Ski. Alles macht was mit dir. Du schwebst.»

Unter dem Anspruch einer Theorie des Gleitens werden Gesichtspunkte behandelt, die über die traditionellen Anweisungen für das Gleiten hinausgehen und die zentrale Bedeutung des Gleitens für das ganze Skifahren bewußt machen sollen.

Als Fritz Hoschek, Schüler des Reformpädagogen Karl Gaulhofer, anfangs der 30er Jahre die Prinzipien des «Natürlichen Turnens» auf das Skifahren übertragen wollte, stand er damals bereits vor einem komplizierten Techniksystem und vor einem ausgeklügelten Lehrgebäude. In dieser Situation verwies er zunächst und immer wieder auf das Wesenselement dieses Sportes: das Gleiten. Das Gleiten wurde ihm zur Grundlage der Technik wie der Methodik.

Alles an diesem Sport ist Gleiten. Gleiten aus dem Schritt heraus, Gleiten im Abfahren, Gleiten in der Schrägfahrt und Gleiten im Schwung.

Das Gleiten beim Skifahren kann ein sanftes Huschen über den Schnee sein, es kann aber auch eine wilde Jagd über Buckel und durch Mulden werden. Manchmal bleiben Spuren, manchmal stiebt nur der Schnee auf. Oftmals wird die Fahrt durch Sprünge unterbrochen, gelegentlich bedrohen sie Hindernisse. Sie endet im sanften Auslauf oder durch ein schwungvolles Bremsmanöver. Das Gleiten des Abfahrers ist gebunden an den Berg, und jede Fahrt geht dem Tale zu. Manchmal kann man einen Gegenhang hochschießen.

Gleiten als grundlegende Fortbewegung

Das Gleiten ist eine ureigene Art der Fortbewegung wie das Gehen und Laufen, das Springen und Kriechen, das Rollen, das Schwimmen und das Fliegen. Dieser spezifischen Bewegungsart entsprechen auch spezielle Bewegungstechniken, eigene Bewegungswahrnehmungen und Bewegungserlebnisse.

Das Bewegtwerden und das Sichbewegen gehören zur grundlegenden Struktur dieser Fortbewegung. Diese Kombination ist sonst nur hochtechnisierten Fortbewegungsarten eigen, wobei aber der Anteil des Sichbewegens beim Gleiten sehr hoch sein kann. Damit kommt der Selbststeuerung eine wichtige Funktion zu.

Die Grundtechnik des Gleitens besteht in einem qualifizierten Stehen, vergleichbar dem freihändigen Stehen in einem fahrenden Zug. Die Stehhaltung ist aber bereits so spezifisch, daß sie – wenn auch nicht immer optisch – weit von der Haltung des aufrechten Stehens abweicht. Der Muskeltonus ist erhöht, der ganze Körper angespannt, und die normalen Wirbelsäulenkrümmungen sind aufgehoben in einem nach vorne offenen Bogen.

Verschiedene Abfahrtspositionen

Neue Gefühls- und Körpererfahrungen beim Gleiten

Vor allem die Möglichkeit, verschiedene Körperlagen einnehmen zu können, hebt das Gleiten auf Ski beispielsweise vom Gleiten auf Schlittschuhen ab. Wie sehr so etwas faszinieren kann, zeigt die Jetwelle mit dem Rücklagefahren, die Ende der 60er Jahre beinahe alle Skifahrer erfaßte. Ein anderes Beispiel ist die Vorlage, die jahrzehntelang als notwendig galt und als kühn und sportlich eingeschätzt wurde. Auch der Zuschauer hatte bei diesem Vorlagefahren einen Eindruck, als wollte der Fahrer sich vorauswerfen, voranstürmen und sich den Aufgaben entgegenwerfen.

Gleiten löst immer auch die berühmte «fight–flight–fright»-Reaktion (Kampf–Flucht–Erschrecken) aus, die den Muskeltonus erhöht, die Haltung strafft und Handlungsbereitschaft herstellt. Was beim Anfänger noch zu Verkrampfungen führen kann, wird beim erfahrenen Läufer eine auf die jeweiligen Gleitbedingungen wohlabgestimmte Reaktion.

In einer lebendigen Unmittelbarkeit werden beim Gleiten äußere Kräfte erfahren. Man spürt Beschleunigungen und Verzögerungen, ansteigenden und fallenden Druck, Widerstände und Drehkräfte, die Schwerkraft und den Hangabtrieb. Der Fahrer wird durch das Gleiten auf spezifische Weise gefordert. Der Blick ist nach vorn gerichtet. Alle Aufmerksamkeit ist in Anspruch genommen. Das Bewußtsein wird von den Aufgaben, den Ereignissen und Gefühlen besetzt. Das Gleichgewichtsorgan ist hochaktiviert.

Eine starke Körperbewußtheit bringen die spezielle Fahrhaltung und der erwähnte höhere Muskeltonus. Diese *Funktionsspannung* aber wird in mehreren Spannungszentren gegliedert erfahren. Übergeordnetes Spannungszentrum ist die Körpermitte. Auch der Spannungsbogen von einem Bein zum anderen, der die Skiführung garantiert, und die Schulterspange mit den Armen, die die Gleichgewichtsstörungen auffängt, werden dem Fahrer bewußt. Dem Bewegtwerden und den Störungen des Gleichgewichtes begegnet so der Gleiter mit einem «inneren Kraftschluß», der alles ausgleicht, abfedert und dämpft, zugleich auch ein Gefühl der Unbeirrbarkeit und Souveränität auslöst.

Beobachtet man all dies, so kann man förmlich von einem eigenen Aktions-, Bewußtseins- und Erlebniszustand des Gleitens sprechen. Jedenfalls zwingen das Gleiten und die damit verbundenen Aufgaben den Menschen, ganz präsent zu sein. Wird das Gleiten gut gemeistert, so stellen sich auch rasch Gefühle ein, die Skifahrer gerne als freie Selbstverfügung, Souveränität und gesteigerte Vitalität beschreiben.

Gleiten und Raumerleben

«Der Raum ist grenzenlos, und der Hang ist zwischen Himmel und Erde ein kleines Stück von diesem Raum. Beim Skifahren heißt es, ein Stückchen von dieser Grenzenlosigkeit des Raumes zu erfahren, gleitend und schwingend zu erfahren. Dann gibt es ein Stückchen Freiheit. Man ist fast vogelgleich. Schwerelos sein – genießen – fast fliegen.»

Der Skifahrer gleitet durch den Raum, durch eine Welt aus Berg, Schnee, Felsen, Bäumen und freien Flächen. Auf diese Art erschließt er sich die sonst im Winter weitgehend unzugängliche Landschaft.

Auch der Nahraum wird zu einem Gleiterlebnis. Schon der Anfänger empfindet die meist weitabliegenden Hindernisse als Bedrohung, auf die er rasend schnell zugleitet und die er dann doch noch glücklicherweise umgehen kann. Je schneller die Fahrt wird, umso enger wird das Gesichtsfeld, umso weiter geht der Blick voraus. In diesem Punkt trifft sich das Skifahren mit vielen anderen Sportarten, die auf Fortbewegung und Beschleunigung aufbauen.

Einen speziellen Nahraum schafft sich der Rennfahrer mit den Toren der Rennstrecke. Er weiß, und er «eicht sich» darauf, daß er nur dann auf einer guten Spur gleitet, wenn er die Stange wenigstens berührt oder noch besser mit Arm oder Körper zur Seite räumt. Dieser «Bodycheck» gehört schließlich nach einigem Training zu seiner spezifischen Raumerfahrung.

Eine weitere neue Raumerfahrung wird im Abschnitt «Neue Dynamik» besprochen (S. 50ff). Dort geht es darum zu sehen, wie heute die Körperführung im Schwung als ein *Gleiten durch den Raum* ähnlich wichtig werden kann wie das *Gleiten der Ski im Schnee*. Dieses Spiel mit dem Aufgeben und wieder Suchen des Gleichgewichtes bringt neue Fahrmöglichkeiten und eine neue Erlebnisdimension für das Gleiten im Schwung. Im Rahmen der Diagonaltechnik wird dieses Phänomen näher behandelt.

Aber es gibt auch bisher schon einige Techniken, bei denen die «Luftfahrt» des Körpers sehr ausgeprägt ist. Am bekanntesten hierfür sind der «Geflogene Hochschwung» und das «Schnellende Umsteigen». Diese Techniken haben das Trampolinprinzip gemeinsam: Man stößt sich vom Ski ab, gestaltet eine «Luftfahrt» und landet wieder auf dem Ski.

Der Raum wird dem Gleiter zu einem neuen Erlebnis. Man plant ihn, man erschließt ihn und man durcheilt ihn. Man meidet Räume der Gefährdung und Überforderung. Man schätzt Räume der Bewegungsfreiheit und der Herausforderung. Als Skifahrer gewinnt man eine Freiheit der Bewegung für sonst unzugängliche Räume, und es wird einem Vertrautheit mit (sonst) fremden Räumen geschenkt.

Gleiten und Geschwindigkeit

Schnell fahren zu können, wünschen sich zwar nicht alle Skifahrer. Aber es ist ja auch sehr relativ, was als «schnell» angesehen und empfunden wird. Die erste Schußfahrt und die erste Pflugfahrt werden fast immer als

atemberaubend schnell erlebt. Schußfahrten auf einem Waldweg und Schußfahrten auf einer großen freien Fläche werden bei gleicher Geschwindigkeit sehr verschieden schnell eingeschätzt. Diese Beispiele zeigen, daß es auf eine absolute schnelle Fahrt wirklich nicht ankommt, sondern daß die Zusammenhänge von Raum und Tempo, Können und Tempo, Sicht und Tempo, Sicherheit und Tempo für das Erlebnis der Geschwindigkeit entscheidend sind.

Mehr als den meisten Skifahrern bewußt ist, spielt allerdings das «Luftgleiten» eine Rolle (S. 23). Dagegen ist der Grad des Risikos ein sehr bewußter Maßstab für die Einschätzung des Tempos.
Trotz aller Relativierungen gilt, daß ein bestimmtes Maß an Geschwindigkeit bei jedem Fahrer zum Erlebnis des Gleitens gehört. Bei den Rennfahrern steht sogar fest, daß das erzielte Tempo ein direkter Maßstab für Gleitvermögen und Leistung ist.

Gleiten und Schnee

«Ein Schnee, in den man leicht einsinkt. Er bricht noch etwas. Ich muß springen, leicht springen, um das Gleiten genießen zu können. Überwindung, aber gleichzeitig auch ungeheuer viel Freude, in die unberührten steilen Hänge hereinzufahren. Und Ruhe! Nur das leichte Sirren des Schnees und der Skispitze ist zu hören. Freude, oder besser gesagt, das Gefühl der Nähe zu den anderen Kameraden, gemeinsame Spuren in den Schnee zu fahren, gemeinsame Glücksgefühle zu haben und auszukosten. Freude, Begeisterung über die gemeinsame Spur, über die Fahrkünste des anderen. Genuß, den weichen und runden Bewegungen zuschauen zu dürfen. Immer wieder auf der Suche nach unberührtem, noch nicht durchfurchtem Schnee. Weiter unten ein steiler Firnhang, hart, aber doch sehr griffig. Hier spüre ich den Widerstand der Unterlage, den Kampf, die Auseinandersetzung mit dem Schnee. Zum ersten Mal sehr harte Geräusche. Zurückschauen. Zufriedenheit. Die Begeisterung über die Freunde. Der Hang im Gegenlicht. Hinunter. Man scheint zu fliegen. Der Schnee stäubt nur so weg.»

Der Schnee ist die Voraussetzung für das Gleiten. Er vermindert die Reibung so stark, daß schon bei geringen Bodenneigungen das Gleiten einsetzen kann. Der Schnee ist als Voraussetzung dieser Art des Sichbewegens dem Wasser, der Luft und dem festen Boden vergleichbar. Dabei lassen Pulverschnee und vereister Hang als Extreme ahnen, wie verschiedenartig das Schneegleiten sein kann und erlebt wird.

Zur Kunst des Gleitens gehört es, sich auf die verschiedensten Schneearten einzustellen, aus ihnen Gewinn zu ziehen und jede Art für sich zu genießen. An einigen Beispielen sei dies erläutert.

Pulverschnee

Das weiche Einsinken und der Schnee um Ski und Körper bremsen die Fahrt erheblich. Ist dieser Schnee tief, so bringt die Skispitze nicht mehr den nötigen Auftrieb, die Vorspannung des Ski wird nicht mehr aus- oder durchgedrückt, und der Ski folgt einer Biegelinie von der Mitte bis zur Schaufel, die nach unten zeigt. Nur ein aktives Hochziehen der Ski und eine Belastung der Skienden ermöglichen das faszinierende Erlebnis, auf einer unberührten Schneedecke zu gleiten.

Eis

Die Reibung und der Kontakt der Laufflächte mit dem Schnee sind minimiert, die Ski laufen schnell, haben aber nur eine geringe Eigenführung. Durch Muskelkraft muß ihnen Richtungsstabilität gegeben werden. Die geringe Führung des Ski durch den Schnee bringt auch große Gleichgewichtsprobleme.

Frühjahrsfirn

Wenn der Firn im Frühjahr im Laufe des Tages leicht antaut, kommt der Ski auf dem groben Korn noch in rasche Fahrt, sinkt aber bereits ganz leicht ein und erhält eine gute Führung. Das Gleiten fällt leicht und wird als besonders genußvoll empfunden. Das alte Lied, das den «führigen» Schnee besingt, verweist auf diese Tatsachen.

Gleiten und Ski

«Ich fahre ihn erst seit einer guten Stunde, aber es ist schon festzustellen, daß das ein Rennpferd ist, ein Rennpferd, das nur darauf wartet, losgelassen zu werden. Das schnell laufen will, das aber gleichzeitig von mir erfordert, daß ich es kurz am Zügel fasse, damit es mir nicht ausbricht. Wenn ich ihn auf die Kante stelle, läuft er wunderbar um die Kurve, egal ob der Untergrund nun pulvriger Schnee ist oder aber eine sehr harte Unterlage. Der Ski muß von mir sauber geführt werden, weil er sonst sofort das macht, was er gerne möchte. Besonders schön ist es, mit ihm hohes Tempo zu fahren, da kann er seine Rennqualitäten voll ausspielen, da liegt er wunderschön ruhig, zieht in die Kurve hinein, ganz gleichmäßig, ohne daß ich je das Gefühl der Unsicherheit habe. Kurze Schwünge mag er nicht so gerne, da muß er von mir oftmals doch sehr exakt und hart in die neue Richtung gezwungen werden.»

Wie der Segler das Boot, der Flieger den Drachen, der Eisläufer die Schlittschuhe braucht der Skifahrer den Ski. Gleiten und gutes Gleiten hängen weitgehend vom Ski und seinen Eigenschaften ab. Auch das Zusammenspiel von Mensch und Ski ist entscheidend.

Letzteres skizziert die Literatur in recht anschaulichen Bildern: Der Ski soll nichts anderes sein als der verlängerte Fuß des Fahrers. Der Fahrer müsse sich den Ski «einverleiben». Der Ski sei so etwas wie ein Sinnes- und Ausführungsorgan zugleich.

Ambitionierte Skifahrer werden schon allein um des Gleitens willen zu Ausrüstungsexperten. Sie wachsen täglich, kontrollieren ständig den Zustand der Kanten. Sie wählen ihren neuen Ski sorgfältig nach vielen Kriterien, die sie von Firmen, unabhängigen Institutionen und von ihren eigenen Erfahrungen geliefert bekommen.
Es bleibt nicht aus, daß der Skifahrer mit seinem Gerät «verwächst». Er liebt es – oder er fühlt sich von ihm im Stich gelassen. Er erlebt dessen Alterung.

Gleiten und Körper –
Luftgleiten

Man gleitet nicht nur auf und über den Schnee, man gleitet auch durch die Luft. Man zerteilt sie, spürt den Fahrtwind und hört Luftgeräusche. Die Kleidung flattert im Wind. Man erhebt sich sogar in die Luft. Ob man auf dem Schnee bleibt oder auch springt, ab etwa 20 Stundenkilometer Geschwindigkeit spielt die Körperhaltung für das «Luftgleiten» bereits eine große Rolle. Und je schneller man wird, um so höher werden für das Erzielen der Geschwindigkeit die Reibungsanteile der Luft und um so weniger spielen hierfür der Schnee und noch weitere Geländeverteilungen eine Rolle.

Die aerodynamischen Haltungen werden im herkömmlichen Schulskilauf vollkommen vernachlässigt. Dabei wird das Spiel mit dem Luftgleiten schon auf einer sehr niedrigen Könnensstufe höchst lustvoll empfunden. Wenn die Bodenreibung immer geringer wird, die Fahrt zunimmt und die Luftreibung nicht mehr als Wand, sondern als Polster empfunden wird, stellen sich Gefühle ein, die denen beim Schweben und beim Fliegen ähnlich sind.

Gleiten und Sicherheit

Man kann die Sicherheitsgrenzen beim Skifahren überschreiten, indem man sich ein zu schwieriges Gelände und einen zu schwierigen Schnee vornimmt oder sich nicht in seiner Fahrweise an die Verhältnisse auf der Piste anpaßt. Eine besondere Versuchung, die eigenen Grenzen zu überschreiten, liegt auch in dem ständigen inneren Antrieb nach dem Gleiten mit immer höheren Geschwindigkeiten.

Hier ist einerseits schlicht Vernunft und Zurückhaltung geboten, andererseits wird immer mehr verbessertes Gleiten auch die Standsicherheit und damit die Sicherheit überhaupt erhöhen. Ganz aufzuheben ist dieses Spannungsverhältnis nie. Am besten sucht man einen Weg, der nicht nur über eine Steigerung des Tempos, sondern über eine «Kultur des Gleitens» geht.

Kultur des Gleitens

In allem ist das Gleiten. Aber Gleiten kann sehr verschieden sein. Das erste hilflose Rutschen und das aggressive und präzise Gleiten des Rennläufers trennen Welten. Auch das sanfte Dahingleiten auf einem verschneiten Waldweg und das entschlossene Schneiden auf hartem Hang unterscheiden sich in Ausführung und Erleben beträchtlich.

Selbst rein skitechnisch betrachtet, steht der Skiläufer vor der Aufgabe, eine Kultur des Gleitens zu entwickeln. Für die verschiedensten Arten des Gleitens muß der Blick entwickelt, das Können erworben und die Genußfähigkeit entdeckt und erweitert wer-

den. Vielleicht ist eine hohe Sensibilisierung für das Gleiten identisch mit dem guten Skifahren schlechthin.

Die Kunst des guten Gleitens

Die meisten Aktivitäten sind unspektakulär, weil sie nur einen sehr geringen Bewegungsumfang haben. Nur das Luftgleiten erfordert auffällige Positionen.

Einzelne Technikelemente sind:

* Führen des Skis und Gewähren der Eigenführung
* Finden der richtigen Spurweite und planen Auflage der Ski
* Weicher Wechsel von der planen Auflage zum Kantenfahren
* Ausbalancieren des Gleichgewichts vorwärts – rückwärts
* Ausbalancieren des seitlichen Gleichgewichts
* Einnehmen spezifischer Gleichgewichtslagen, die nur durch Ski, Schuh und einwirkende Kräfte ermöglicht werden
* Belasten der Ski in einer bestimmten Zone und ständige Belastungsregulation
* Bewahren des inneren Kraftschlusses im Körper
* Einnahme aerodynamisch günstiger Positionen
* Elastisches Abfedern und Ausgleichen wechselnder Druckverhältnisse
* Elastisches Abfangen von Verzögerungen und Beschleunigungen
* Eventuelles Vorspringen
* Beherrschung von Absprung, Luftfahrt und Aufsprung

Die Fähigkeiten, die gutes Gleiten ermöglichen, entziehen sich weitgehend optischer Kontrolle und einfachen Bewegungsanweisungen. Nur als Meßergebnis oder subjektiver Eindruck sind sie aufzeigbar.

Wichtige Fähigkeiten sind:

* Hohe Sensibilisierung für alle Gleitaufgaben
* Äußerst schnelle Informationsaufnahme über Fußsohlen und Gelenke
* Schnelle Verarbeitung der Informationen des Gleichgewichtorgans
* Guter Blick für kleinste Veränderungen

* Gute Vorausplanung und vorgreifende Aktionsfähigkeit
* Eingehen auf die Gleiteigenschaften des Skis
* Erfassen der wechselnden Gleiteigenschaften des Schnees
* Erfassen der Neigungsänderungen und wechselnden Bodenformung
* Erspüren des geringsten Luftwiderstandes
* Registrierung kleinster Tempoabweichungen
* Sich wohl fühlen und aufgehen im Gleiten

Schwingen

«Du legst dich in die Kurve, und die Welt kippt, hängt schief vor deinen Augen. Du schwebst.»

Während das Gleiten in fast allen Skibüchern unter dem allerersten Schußfahren ein für allemal abgehandelt wird, beherrscht das Schwingen die gesamte Literatur. Man kann sogar sagen, daß alle Skibücher im Kern Theorien des Schwingens sind. Manche bieten ausführlichere theoretische Grundlagen, wie beispielsweise biomechanische Studien, andere dagegen mehr Schwungformen als Konkretisierung irgendwelcher Theorien. Deshalb wird im folgenden nicht eine ausführliche Theorie des Schwingens dargelegt, sondern es werden historische und für dieses Buch wesentliche Gesichtspunkte erläutert.

Vergangenheit und Gegenwart

Man kann pauschal behaupten, daß Bogen und Schwung durch Jahrtausende keine Rolle gespielt haben. Nicht einmal in den Zeiten, von denen wir wissen, daß Skilaufen sportlich oder spielerisch betrieben wurde, wie bei den Krainer Bauern im 17. Jahrhundert oder in den Göttersagas, finden wir Hinweise auf eine besondere Bewertung von Richtungsänderungen. Schußfahrt und Sprung beherrschen die große lange Skigeschichte bis zum Beginn der sportlichen Ära des Skilaufes in den 80er Jahren des vorigen Jahrhunderts.

Auch als damals in Telemarken und in der Hauptstadt Kristiania (heute Oslo) die ersten Schauvorführungen und erste Skikurse zustande kamen, ging es zunächst nicht um Richtungsänderungen. Aber je schneller die Schußfahrten und je kühner die Sprünge wurden, um so größer wurde das Problem des Abstoppens. «Telemark» und «Kristiania» hießen die Lösung.

Um die Jahrhundertwende allerdings hatte das «Schlangenfahren» als eine Aneinanderreihung von Bögen und Schwüngen bereits den gleichen Rang wie Schußfahrten und Springen. Nach weiteren 20 Jahren kann man eine Vielzahl von Telemarkausführungen und ein gut ausgebildetes System von Schwungtechniken feststellen.

Schon mehr Gegenwartsproblematik ist die Frage nach den «richtigen» Systemen und nach den «richtigen» Schwüngen. Frühere Auseinandersetzungen, wie Toni Ducias und Kurt Reinls Versuch einer schraubenlosen Technik (1934) und viele andere, offenbaren Gründe, Motive und Schwierigkeiten. Diese beginnen bei Erkenntnissen aus dem Rennlauf, bei Erfindungen von Pionieren, bei Optimierungen der Ausrüstung und enden bei geschäftlichen und nationalen Interessen.

Wohl einer der größten Hemmschuhe in der Entwicklung von Skitechnik und Schwungsystemen war die Überzeugung, am Ende der Entwicklung angelangt zu sein, wie dies sogar dem offenen und generösen Skiliteraten Henry Hoek (in Veröffentlichungen

Schwung und Sprung

1942) widerfuhr, noch mehr aber die verhängnisvolle Meinung, daß es nur eine beste oder wahre oder wirklich erfolgreiche Skitechnik geben könne. Vor allem diese Haltung zwang immer wieder viele Skifahrer um jeden Preis zum Umlernen und verschüttete den Blick für Neues, aber auch für wertvolle und einzigartige Traditionen, wie beispielsweise die Kunst des Telemarkschwingens.

Die gegenwärtige Situation in der Bewertung und Wertschätzung von Schwungsystemen und Schwungformen ist immer noch unbefriedigend, wie ein kleiner Überblick zeigen kann. Jugoslawien propagiert seit Jahren eine ausschließliche Orientierung am Rennlauf. Dem hat sich neuerdings das schwedische Skilehrwesen angeschlossen. Japan ist an einem «Variable skiing» interessiert, versteht darunter aber vor allem nur Formen aus dem unteren Beinspiel mit extremer Kniearbeit. Der deutsche Skilehrplan setzt sich zwar selbst das Ziel einer «internationalen» und einer «universellen» Skitechnik, bewegt sich aber doch – abgesehen von einem historischen Ehrenplatz für den Rotationsschwung – nur im Rahmen der Beinspieltechnik. Österreich fand erst nach beinahe 15 Jahren Wellentechnik wieder zu einer Haltung der Offenheit, wenn auch nur im Rahmen der Beinspieltechnik, zurück. Der schweizerische Skilehrplan geht zwar seit 1985 auf einzelne Elemente der Renntechnik ein, basiert aber dennoch ausschließlich auf der Beinspieltechnik. Spezielle Ansätze wie das Konzept von Hans Zehetmayer (Wien) und G. Kassat (Münster) bereichern das Spektrum der Möglichkeiten. Dabei erhebt Kassat mit einer Kipptechnik einen Ausschließlichkeitsanspruch, während Zehetmayer eine Grundlagentechnik mit Jetposition und Pedalieren innerhalb der Beinspieltechnik vorschlägt, die für weitere Formen befähigen soll. Schließlich geht Sepp Ortner Varianten von Rennschwüngen nach, ohne daraus ein System zu konstruieren.

Die härteste Kritik an der gegenwärtigen Situation formulierten 1988 die angesehenen jugoslawischen Autoren Krešimir Petrovič (Sportwissenschaftler), Iztok Belehar (Ausbilder und Trainer) und Rok Petrovič (Rennläufer). In ihrem Buch «Neues in der Skitechnik und Methodik» (1988) vertreten sie die Meinung, «daß die traditionellen Schischulen in den Alpenländern überlebt sind. Sie sind unfähig zu einer schöpferischen und fortschrittlichen Tätigkeit, verschließen sich in eine verflossene Welt und verlieren sich im Unwesentlichen». (Seite 9)
Diese vernichtende Kritik basiert auf der Beobachtung, daß diese Länder seit vielen Jahren nicht auf die Entwicklung im Rennlauf reagiert haben. Auch wenn man dieser Einschätzung im allgemeinen – ausgenommen die Schweiz – zustimmt, so wirkt der Schluß daraus überzogen. Umgekehrt muß die jugoslawische Position einer Kritik unterzogen werden. Sie ist zu einseitig und im übrigen nicht so neu. Durch Jahrzehnte schwelt der Streit, ob allein die Renntechnik Motor der Entwicklung ist und ob nur sie allein das Maß für jedermann sein kann. Aus der Erfahrung mit der Geschichte der Skitechnik selbst muß daher eine Antwort gesucht werden:

Plädoyer
für ein offenes Programm

1. Es ist anzuerkennen, daß die meisten Innovationen und Änderungen der Skitechnik aus dem Rennlauf kamen. So ist es auch in der gegenwärtigen Situation.
2. Es gehört jedoch zum Wesen der Technik im Skilauf, daß sie nicht auf ein einziges Ziel wie Rennergebnisse, Toureneignung, spielerisches Vergnügen usw. ausgerichtet ist, sondern vielen Anwendungsgebieten und ihren Adressaten gerecht werden muß.
3. Es gehört weiter zum Wesen dieser Sportart, daß sie über eine große innere technische Vielfalt verfügt. Dabei sind Vor- und Nachteile der einzelnen Techniken nur unter Berücksichtigung vieler Gesichtspunkte gegeneinander abzuwägen.
4. Es hat sich bisher immer als Fehler in diesem Sport erwiesen, traditionelle Techniken einfach über Bord zu werfen. Das wurde weder der Situation gerecht, noch war es gegenüber den Bedürfnissen der Skifahrer zu verantworten, noch war es rein skitechnisch richtig. Auch alte Techniken können Vorteile und wichtige Eigenheiten haben, vor denen selbst die neueste Renntechnik kapitulieren muß.
5. Die gegenwärtige Situation verlangt mit gleicher Dringlichkeit wie den Blick auf den Rennlauf auch den Blick auf die Einfachtechnik der unverschulten Gelegenheitsskifahrer, die von großen Theorien kaum etwas wissen, aber Techniken zur freudvollen Ausübung ihres Skilaufs entdeckt haben.
6. Wie in keiner anderen Sportart prägen im Skilauf Motive und Einstellungen die Entwicklung, die zwar höchste Leistungen fordern können, aber nicht auf Wettkampfleistung ausgerichtet sind. Im wesentlichen sind das die spielerische Einstellung, die Suche nach dem Vergnügen, der Drang nach gestaltender Selbstdarstellung und nach Selbstformung, schließlich die Chance einer Kommunikation über Bewegung und Bewegungserlebnisse.

Diesen Motiven und Einstellungen kann nur die Forderung nach einem offenen Programm der Skitechnik gerecht werden.
Darin muß Raum bleiben für historische ‹Vermächtnisse› und wertvolle Erfahrungen der Tradition.
Dieses System muß nicht nur in einem biomechanischen Sinne mehrdimensional und vielschichtig sein.
Eine gesunde Konkurrenz von konträren Ansätzen sollte selbstverständlich sein.
Individuelle Bedürfnisse und Wünsche müssen durch das System selbst ermuntert und verstärkt werden.
Schließlich muß eine positive Erwartungshaltung gegenüber Innovationen gepflegt werden.

Schwung und Schwingen

«Schwingen gibt ein Gefühl des Glücks, der Freiheit. Schwingen auf einer Woge, das Leichteste. Den Hang genießen ergibt ein inneres Glück, eine Freiheit.»

In die Problematik, welche Skitechniken anerkannt, gefördert und angeboten werden sollten, spielt auch die Frage nach dem Schwingen oder nach den vielen Schwüngen hinein. Die deutschen Skilehrpläne von 1971 und 1981 erschließen die Vielfalt des Skifahrens, indem sie viele der bekannten Schwungformen darlegen. Ganz anders verfährt – wenigstens dem Titel nach – der österreichische Skilehrplan von 1980, der sich schlicht «Schwingen» nennt. Hier wird signalisiert, daß die Frage nach den vielen Schwüngen zweitrangig ist.

Tatsächlich handelt es sich bei der Fragestellung «Schwünge oder Schwingen» um kein einfaches Problem. Wie in keiner anderen Sportart kann, wie es die Entwicklung lehrt, die Technik sich ständig ändern, ohne daß frühere Konzeptionen sinnlos oder zweitklassig würden. Bewußt werden z. B. in diesem Buch die alte Rotationstechnik und das im Rennlauf abgelöste Beinspiel als klassisch bezeichnet. Sie ha-

29

ben jeweils so große Vorzüge und Eigenwerte, die in keiner anderen Technik zu finden sind, daß man sie nicht generell verwerfen darf.

Die Problemstellung Schwingen oder Schwünge wird dadurch kompliziert, daß Kriterien der Ökonomie, der Biomechanik, der Sicherheit usw. immer nur für einen bestimmten Personenkreis, wie beispielsweise den Rennfahrer, den Gelegenheitsskifahrer usw., uneingeschränkt anzuwenden sind. Viele Freizeitskifahrer achten z. B. auf Sicherheit, leisten sich aber skitechnischen Bewegungsluxus und pflegen einen Muskelkater wie ein Verdienst. Viele Schwünge und vor allem auch optisch gut unterscheidbare Schwünge wollen sich die Stilisten aneignen. Ihrer Neigung zur Ästhetik und Darstellung kommen die vielen Schwungmöglichkeiten entgegen.

Sehr problematisch aber wird der Hang zum Sammeln von Schwüngen, wenn darunter die Entwicklung zum guten Skilaufen leidet. So sind heute viele Skifahrer zu beobachten, die in der Idealsituation eine ganze Reihe anspruchsvoller Schwungformen «zelebrieren». Sobald aber die skiläuferische Situation vom Tempo, von der Neigung, von der Geländeform oder dem Schnee her anspruchsvoll wird, steigen sie aus und verweigern sich – oder sie machen eben eine schlechte Figur.

Bei der Lösung des Dilemmas Schwung oder Schwingen wird in diesem Buch ein Mittelweg eingeschlagen. Zunächst werden vier große *Drehmechanismen*, die sich gegenseitig ausschließen, vorgestellt. Sie sind die Rahmenmöglichkeiten für das Schwingen. In jedem dieser Mechanismen kann man unendlich viele Schwünge für sich entwickeln. Um aber diesen Prozeß zu erleichtern, werden im Rahmen eines jeden Drehmechanismus einige charakteristische Schwünge beispielhaft beschrieben.

Damit ist ein Schritt in Richtung Schwingen getan. Ähnlich ist der Versuch zu werten, hier keine Steigerung nach Schwierigkeiten vorzulegen. Schließlich soll das Kapitel «Spitzentechnik» zeigen, daß gutes Skifahren nicht in mehr Schwüngen besteht, sondern in besserem Schwingen. Das aber ist nur an Bewegungsqualitäten auszumachen. In diesem Sinne werden die typischen Gütemaßstäbe des Skifahrens besprochen.

Als Leitbild des guten Skifahrens kann man zusammenfassend das «freie Skifahren» propagieren: Ein guter Skifahrer beherrscht einige wenige Grundmuster des Schwingens und variiert dieses Schwingen dauernd. Schon Hannes Schneider, einer der größten Skilehrer, hat für dieses freie Skifahren 1925 als wichtigste Faktoren festgehalten: das Tempo, die Steilheit des Hanges, die Ungleichheit des Geländes, das Ausmaß der Richtungsänderung und die Beschaffenheit des Schnees.

Norm und Freiheit

Rennfahrer haben immer schon große individuelle Abweichungen von den Normen einer herrschenden Technik gezeigt. Gelegentlich wurde auch eine der größeren Abweichungen zum neuen Standard. Im Bewußtsein von Skilehrern und Skischülern werden traditionell Abweichungen als Fehler registriert und als solche auch nach Möglichkeiten bekämpft und ausgemerzt. Mit Sicherheit wird dadurch vielen Skifahrern der Weg zum guten Skilaufen eher versperrt als geebnet.

Die Freiheit der Wahl

Ein offenes Programm der Skitechnik erlaubt dem Skifahrer, die seinen Motiven und Möglichkeiten entsprechende Technik auszuwählen. Entgegen alten Befürchtungen kann schon ein mittelmäßiger Skifahrer ein kleines Repertoire von Techniken vergnüglich und erfolgreich handhaben.

Die Freiheit der Ausführung

Schon allein anatomische Voraussetzungen oder verschiedene Skiausrüstungen werden immer wieder zu einer abweichenden Technik führen. Aber erst eine individualisierte Technik wird zu einer guten Technik werden.

Die Freiheit des Spielens

Für den Großteil der Skifahrer ist dieser Sport ein großes Spiel. Spiel mit dem eigenen Körper, Spiel mit der Technik, Spiel mit dem Ski, Spiel mit dem Schnee und Spiel mit dem Raum. Nur ein offenes Programm der Skitechnik ermöglicht ein Spiel, das nicht durch zufällige Entwicklungen, Lehrmeinungen und Dogmen begrenzt wird.

Die Freiheit des Erfindens

Kreativität und schöpferischer Erfindergeist haben die Skitechnik in einer hundertjährigen Geschichte vorangebracht. Aber auch in der persönlichen Technikgeschichte des Skifahrers können diese Eigenschaften wichtig sein und den Weg von den Schwüngen zum Schwingen erschließen.

Die Freiheit der Person

Modeströmungen und das Diktat von Lehrmeinungen engen am meisten die Wahlfreiheit und die persönliche Entwicklung des Skifahrers von jeher ein. Dabei ist dieser Sport in der selten günstigen Lage, daß allein schon die innere Vielfalt und die natürliche Offenheit der Technik zu persönlichen und individuellen Wegen herausfordert. Noch deutlicher als in der Alltagsbewegung und in anderen Sportarten sieht man, wie jeder Skifahrer mit unverwechselbaren Merkmalen auf seine ganz eigene Weise den Hang herunterschwingt.

In diesem Sinne ist für jeden Skifahrer zu fordern, daß er sich als motorische Persönlichkeit entwickeln kann.

Daß nicht nur Rennfahrer und Skilehrer solche Persönlichkeiten sind, soll das folgende Beispiel zeigen.

Personenbeschreibung: Heinz

«Wenn ich Heinz mit einem Tier vergleiche, würde er mich am ehesten an einen Bären erinnern. Es ist eine mehr bedächtige Fahrweise. Keine überraschenden Aktionen wie z. B. plötzliche Sprünge auf der Buckelpiste. Grundlage ist eine solide Technik, eine genaue Vorausplanung der Schwünge. Es geschieht nichts Ungewöhnliches. Es ist auch keine große Bandbreite in der Variation der Schwünge. Ab und zu fehlt etwas Spritzigkeit. Er ist grundsolide und nicht aggressiv gefahren. Bedächtig, mehr auf Sicherheit bedacht, so wie auch der Bär seine Höhle nicht verlassen wird, um ein Risiko einzugehen. So ein Forschungs-, ein Explorerverhalten ist bei Heinz kaum denkbar. Dazu überrascht Heinz durch eine zügige und sichere Fahrweise.

Grundlage aber ist immer seine bedächtige, abwartende, nicht sehr spontan wirkende Fahrweise.»

Die Faszination des Schwingens

Bögen und Schwünge wurden nicht nur erfunden, um Hindernissen auszuweichen oder die Fahrt stoppen zu können. Mag dies vielleicht ursprünglich so gewesen sein, sehr bald entwickelte sich eine psychische Eigendynamik, die immer wieder die Frage aufdrängt, warum dieses Schwingen als schön, angenehm oder gar als berauschend eingeschätzt wird.

Befragungen von vielen Skifahrern zum Schwingen haben dazu konkrete Einsichten erbracht. Stellvertretend daraus drei schöne und typische Antworten:

«Man vergißt sich und ist nur noch Rhythmus.»
«Jeder malt sich selbst in den Schnee.»
«Lieber Gott, laß den Hang nie enden!»

Das Schwingen vermag offensichtlich starke Gefühle auszulösen, Stimmungen aufzubauen und das Wachbewußtsein bis zu ekstatischen Zuständen hin zu erfassen. Im einzelnen scheinen folgende Vorstellungen und Bewegungsgefühle eine größere Rolle zu spielen.

Das Rhythmusgefühl
Das Hin und Her, die Wiederholung gleicher Bewegungsabläufe, das Hervorgehen einer Bewegung aus der anderen in immer größerer Perfektion schaukeln in beinahe wörtlichem Sinne Empfindungen und Gefühle einer speziellen skifahrerischen Rhythmik auf.

Das Hanggefühl
Mit jedem neuen Schwung taucht der Skifahrer wieder in die Tiefe des Hanges hinab und entzieht sich ihr wieder

in der Fahrt zum Hang. Es ist ein Spiel mit dem Raum, ein Spiel mit Versteilung und Verflachung und ein Spiel mit der Geschwindigkeit.

Das Kurvengefühl

Wenn man in der Kurve liegt, spürt man, wie die Kräfte auf den ganzen Körper einwirken, wie man geschleudert und getragen wird. Kreisbeschleunigungen bewirken über das Gleichgewichtsorgan und den ganzen Körper Lustempfindungen.

Das Gleitgefühl

Ein guter Schwung ist immer noch mehr gleiten als rutschen. Der anspruchsvolle Fahrer sucht durch gute Technik und durch Schneiden (Fahren auf der Kante) das Gefühl des Gleitens zu steigern.

Das Skigefühl

Moderne Ski ziehen wie von selbst in die Kurve und durch die Kurve. Man hat das Gefühl, daß man sich auf sie verlassen kann. Manchmal hat man sogar das Bedürfnis, den Skiern unterwegs Attribute zuzuschreiben, wie man dies auch bei Pferden, Motorrädern und Autos macht. Sie sind «rassig», «scharf» und «bissig».

Das Harmoniegefühl

Fast alle Aufgaben, die sich ein Skifahrer stellen kann, stecken in einem Schwung. Alle Möglichkeiten einer raffinierten Sporttechnik werden hier ausgespielt. Fahrlinien müssen eingehalten, Situationen optimal bewältigt, der Raum phantasievoll erschlossen werden. Gelingt all dies auch nur einigermaßen, so führt Schwingen zu Gefühlen des Gelingens und der Harmonie.

Alle diese Bewegungsgefühle werden offensichtlich bei vielen Menschen durch das Schwingen und im Schwingen ausgelöst. Sie können auch erklären, warum Bewegungen an und für sich lustvoll und vergnüglich sein können. Untersuchungen haben sogar gezeigt, daß noch jede einzelne Bewegungstechnik spezifische Bewegungsgefühle auslösen kann und so z. B. dem Wedeln, dem Ausgleichsschwung usw. noch eigene Gefühlswerte zukommen. Bei der Darlegung der einzelnen Schwungformen werden diese Bewegungsgefühle noch genauer analysiert und beschrieben.

Vier Drehmechanismen in einem offenen Programm

Wahrscheinlich gibt es sehr viele Mechanismen, durch die Skidrehungen zustande kommen. Einige davon sind allein für sich wirksam, andere haben nur unterstützenden Charakter. Dieses Buch beschäftigt sich mit vier großen Drehmechanismen, denen folgende Eigenschaften zukommen:

- Sie sind jeder für sich fähig, die Ski in Drehung zu versetzen.
- Sie sind miteinander nicht kombinierbar.
- Sie erschließen jeder für sich eine ganze Richtung möglicher Schwungformen.
- Sie erreichen jeder für sich spezielle und ausreichend große Adressatenkreise.
- Sie sind nicht nur reine Einleitungshilfen, sondern beeinflussen entscheidend den ganzen Schwung.

Die vier großen Drehmechanismen sind:

1 Die Rotationstechnik
Die Drehung beginnt im Körper, wird in der Hüfte blockiert
und auf die Ski übertragen.

2 Die Beinspieltechnik
Die Beine drehen die Ski, der Rumpf dreht
gegen die Beine.

3 Die Blocktechnik
Körper und Ski sind wie ein Block, und das ganze System
dreht synchron.

4 Die Diagonaltechnik
Die Drehung beginnt mit einem energischen Diagonalschritt
und der Einnahme der neuen Diagonalposition.

Diese vier Techniken erfüllen die angegebenen Kriterien. Sie haben aber auch jede einen speziellen Platz in der Entwicklung der Skitechnik:

Die *Rotationstechnik* beherrschte etwa 70 Jahre lang die Systeme der alpinen Schwungtechnik. Erst die Beinspieltechnik führt zu ihrer fast völligen Ablösung.

Die *Beinspieltechnik* wurde in ihrer modernen Version von Prof. Stefan Kruckenhauser Mitte der 50er Jahre etabliert und beherrscht seither fast alle Lehrpläne und Lehrbücher. Die Entwicklung im Rennlauf, die Konzeptionen der schwedischen und der jugoslawischen Skischule verweisen sie jedoch bereits in den Bereich der Geschichte.

Die *Blocktechnik* ist eine Erfindung der kleinen Leute, die sich das Skifahren einfach machen und ohne große Ambitionen die Hänge hinunterschwingen wollen. Sie ist seit Jahren auf den Pisten zu beobachten.

Die *Diagonaltechnik* entwickelte sich in den letzten Jahren im Slalom und Riesentorlauf und etablierte sich bereits im Lehrwesen der erwähnten Länder.

Im Sinne eines offenen Programms des Schwingens werden in diesem Buch der Rotation und dem Beinspiel nicht nur historische Plätze angewiesen. Sie haben Werte, Eigenarten und spezielle Lösungen, die durch keine andere Technik ersetzt werden können. In diesem Sinne müssen sie als «Klassiker» weiter gepflegt und angeboten werden. Im Abschnitt *«Schwungtechnik»* wird die Theorie des Schwingens für die vier großen Drehmechanismen weiter vertieft.

Körperspannung und Körperposition

Die Körperspannung und die verschiedenen Körperpositionen spielen beim Skifahren eine große Rolle, werden jedoch in der Literatur stark vernachlässigt.
Kaum einmal finden die verschiedenen Abfahrtspositionen in den Lehrbüchern Berücksichtigung.

Parabolstellung

Die Grundstellung des Körpers beim Skifahren wird im Vergleich zu den Fahrtechniken gar nicht oder sehr unvollständig behandelt. Vor allem wird die Führung der Wirbelsäule nicht beachtet.

Vorlagetendenzen – Parabolstellungen

Die Grundstellung des Körpers kann als ein großer, gespannter, nach vorne offener Bogen beschrieben werden. Wie ein Hohlspiegel mit einem Brennpunkt in der Körpermitte öffnet sich der Körper zur Fahrt. Unter dem großen Körperbogen arbeiten die Beine wie das Fahrwerk des Autos: Sie federn, dämpfen und übertragen.

Die Amerikanerin Denise McCluggage beschreibt die Stellung des Körpers vom Knie bis zum Kopf als C-Position. Wie der große Buchstabe C sollten Oberschenkel und die gesamte Wirbelsäule nach vorne gebogen sein. Nicht in das Bild passen leider die Situationen stärkster Beugung wie in der Ausgleichstechnik.

Die Grundhaltung des Körpers beim Skifahren erinnert auch an die Gehposition von Hominiden, von Urmenschen, kurz bevor das Entwicklungsstadium des völlig aufrechten Ganges erreicht wurde. In diesem Sinne ist die Parabolstellung auch eine sehr urtümliche Position.

In jedem Fall sollte der Körper eine ungebrochene, also eine durchgehend einheitliche, gebogene Kurve bilden. Dazu müssen die beiden Gegenbiegungen (Lordosen) der Wirbelsäule und des Halses aufgehoben und in den großen Schwungverlauf von den Oberschenkeln bis zum Kopf eingebaut werden. Ebensowichtig ist es, den oberen Beckenrand und damit das ganze Becken nicht nach vorne kippen zu lassen.

Die Vorteile der Parabolstellung

Die Puffer- und Federwirkung der menschlichen Wirbelsäule ist in der Geh- und Stehsituation sehr gering. Doch zu einer Parabel gekrümmt, erlaubt sie erstaunlich lange Federwege. Am auffälligsten ist das in der Aus-

gleichssituation auf einem Wellenkamm zu beobachten.

Aber auch schon in verhältnismäßig aufrechter Parabolstellung fangen nicht nur die Beine, sondern auch die Wirbelsäule Bodenunebenheiten ab und verhelfen damit zu einem gleichmäßigeren Skidruck, zu einer ausgeglichenen Skiführung und damit zu einem guten Gleiten.

Wer die Parabolstellung einnimmt, fordert sich schlagartig einen weitaus höheren Muskeltonus ab als in der normalen Stehposition. Diese erhöhte Spannung erreicht für leichte Fahrsituationen das Niveau der sogenannten *Funktionsspannung*. Damit bietet allein die Einnahme der Parabolstellung eine günstige Voraussetzung für alles Agieren während der Fahrt.

Notwendigkeit und Vorteile der Parabolstellung werden auch aus den Schwierigkeiten mit Fehlstellungen klar. Allein ein zu aufrechter Oberkörper läßt Schläge der Piste deutlich spüren, verzögert Reaktionen auf Störungen und führt deshalb häufig zu Rücklagen. Noch fataler wirkt sich eine nach vorne durchgedrückte Lendenwirbelsäule, also eine verstärkte Lordose aus. Die zentrale Führung von Bewegungen aus der Körpermitte wird in Frage gestellt. Schon leichte Schläge der Piste wirken sich gesundheitsunverträglich aus. Rücklagenneigung und undifferenzierte Kantenführung sind weitere Folgen. Das gröbste Fehlerbild ist aus dem Anfängerbereich bekannt, wenn sich nämlich an ein vornübergekipptes Becken der Oberkörper und das Gesäß in gerader Linie anfügen.

Variable Parabolstellung

Die «Hohlstellung» des Körpers kann viele Grade der Krümmung oder Streckung haben. Beim Ausgleichen von Wellen und beim Schußfahren in der Position «Ei» und in der Position «Monoposto» kommt es zur stärksten Krümmung. Bei manchen Sprüngen und beim Hochschwung sieht man Beispiele, wie die Parabolstellung fast aufgehoben wird. Viel wichtiger aber ist die Erkenntnis, daß eine variable Parabolstellung Voraussetzung für die Bewegungsqualitäten «Anpassung», «Elastizität» und «Eleganz» ist. Ohne die Beweglichkeit in der Grundhaltung gibt es also kein gutes Skifahren.

Parabolstellung «Monoposto»

Parabolstellung «Ei»

Funktionsspannung

Wer steht, regt die Muskelspannung an, die für die Erhaltung des aufrechten Standes eben notwendig ist. Schwankt aber der Untergrund, so wird der Muskeltonus sofort erhöht. Noch weiter steigt die Spannung, wenn zum Beispiel der Stehende plötzlich ausrutscht.

In der Physiologie ist eine stark erhöhte Muskelspannung als «fight–flight–fright-Reaktion» bekannt. Der Mensch reagiert in Kampf-, Flucht- und Schrecksituationen mit einer allgemein stark erhöhten Muskelspannung, um seine Aktionsbereitschaft sicherzustellen. Damit vergleichbar erhöht der Skifahrer – nicht der Langläufer – seinen Muskeltonus zu einer Funktionsspannung, die ihm erlaubt, die Grundsituationen des Gleitens, Springens und Geschleudertwerdens zu beherrschen und in diesen Situationen noch handlungsfähig zu bleiben.

Wer zu «locker», zu «entspannt» auf dem Ski steht, wird häufig in seinem Gleichgewicht gestört. Außerdem ist zu beobachten, daß er immer Anlaufschwierigkeiten hat, wenn er entschlossen handeln und reagieren soll. In den Bewegungsabläufen selbst neigt er zu Timingschwierigkeiten, zu schlechter zeitlicher Koordination.

Innerer und äußerer Kraftschluß

In allen Situationen des «Bewegtwerdens» besteht die Gefahr, daß nicht nur das bewegte Objekt aus dem Gleichgewicht kommt, sondern daß auch das System in sich instabil wird und letztlich in Teile zerfällt. Auch beim Skifahren gehen fast jedem Sturz solche Zerfallsprozesse des inneren Zusammenhaltes und auch der äußeren Bewegungsfigur voraus. Um dem vorzubeugen, muß eine verhältnismäßig hohe Grundspannung, also ein hoher Muskeltonus vorliegen. Dennoch aber müssen auch alle Teile zäh-elastisch nachgeben, abfedern und ausweichen können. Eine Funktionsspannung und ein entsprechender Kraftaufwand werden so zum *inneren Kraftschluß*. Der innere Kraftschluß zeigt sich immer, wenn der Skifahrer stark bewegt und noch mehr in der Bewegung gestört wird, beispielsweise wenn er gleitet, ausrutscht, springt, abgebremst und in eine Kurve geschleudert wird.

Es gibt aber auch das Phänomen des *äußeren Kraftschlusses*. Glatte Pisten, rasch wechselnde Druckverhältnisse, Sprünge, schlecht führende Ski oder auch hohes Tempo vermindern den guten Kontakt zur Unterfläche und heben die Selbstführung des Skis auf. Der äußere Kraftschluß wird gestört oder geht durch richtiges Verhalten des Fahrers weiter.

Innerer und äußerer Kraftschluß stehen in einer Wechselbeziehung zueinander. Formelhaft gilt:
- Geringer äußerer Kraftschluß erfordert hohen inneren Kraftschluß.
- Guter äußerer Kraftschluß erlaubt geringeren inneren Kraftschluß.
- Der optimale äußere wie innere Kraftschluß sind Aufgabe guten Skifahrens.

Spannungszentren

Über die Funktionsspannung hinaus lassen sich beim Skifahren mehrere Spannungszentren von verschiedener Wichtigkeit feststellen.

Das Spannungszentrum Körpermitte

Aus dem Bereich der Hüften und des Beckens setzen viele Bewegungen an. Dieser Bereich hat aber auch die Aufgabe der Verklammerung von Oberkörper und Beinen. Viele große Muskelschlingen überbrücken ihn oder haben hier ihren Ansatz.

Das rechte Spannungsgefühl kann durch Selbstbefehle wie z. B. «Kontraktion» oft bewußt gemacht werden. Auch empfehlen sich Fahrversuche, bei denen man mit verschiedenen Spannungsniveaus spielt.

**Der Spannungsbogen
der Parabolstellung**

Im Turnen, Turmspringen und anderen Sportarten gibt es den Begriff der «Bogenspannung» für den nach vorne durchgedrückten Körper. Vergleichbares sieht und spürt man bei der Parabolstellung. Der Körper ist gebogen und gespannt wie eine Gerte. Der Spannungsbogen kann besonders intensiv erfahren und trainiert werden, wenn man rasch durch leichtes, aber sehr unruhiges Gelände fährt.

Die Verspannung der Beine

Gelegentlich, wie z. B. in den Schriften von Fritz Baumrock (Wien), wird auf die muskuläre Verspannung der beiden Beine im Schußfahren hingewiesen. Bei geschlossener Skiführung und aneinandergepreßten Beinen stellt sich bei jedermann das Empfinden ein, daß hier ein einziger Block agiert und arbeitet.

Aber auch in der offenen Skiführung muß der Brückenbogen der Beine gesichert bleiben.

Alle Schrittechniken dagegen verzichten auf eine Verspannung und Blockbildung der Beine.

Die Schulterspange

Stöcke, Hände und Arme werden über den Schultergürtel an die Wirbelsäule ‹angeschlossen›. Es ist, als ob der Körper von einer horizontalen Spange umfaßt würde. Das ist aber nur möglich, wenn die muskuläre Spannung erhöht wird. Dann aber sichert diese Spange eine gute Balancearbeit und das Zusammenspiel von Bein- und Armarbeit. Das richtige Gefühl für die Schulterspannung wird im Schuß- und Schrägfahren geübt. Rasche Fahrten im unruhigen Gelände sichern die Funktionalität.

Schulterspange

39

Körperpositionen

Wenn man unter Positionen Körperstellungen versteht, die eine gewisse Dauer haben, so gibt es außer der Parabolstellung noch drei weitere zu bedenken.

Die Frontalposition

Die Frontalposition ist mit der Parabolstellung identisch, solange es um die Schußfahrt geht. Alle Körperquerachsen stehen dann zur Fahrt im rechten Winkel quer. Dabei versteht man unter Körperquerachsen die gedachten Linien durch die Fußknöchel, Knie, Hüften und Schultern.

Die Frontalposition kann allerdings auch in der Schrägfahrt und im Schwung eingenommen werden, wobei dann die Körperachsen im Verhältnis zur Skistellung oder zur gedachten Achse von Skispitze zur Skispitze auf der Talseite oder Schwungaußenseite vorgedreht sind. Diese Position kommt in der Blocktechnik vor, ist aber auch im Riesentorlauf und Super-G zu beobachten.

Die Schrägfahrtposition der Beinspieltechnik

In der Beinspieltechnik werden die Körperquerachsen mit gleicher Armführung parallel zur Querachse der Skispitzen geführt: Torsionsstellung

Die Diagonalposition als Schrägfahrtposition der Diagonaltechnik

In der Diagonaltechnik folgen die Arme nicht der diagonalen Drehung von Schulter -und Hüftachse, sondern nehmen eine diagonale Position zu den gegenüberliegenden Beinen ein.

Die «Kommastellungen»

Der Begriff Kommastellung, also ein seitliches Verbiegen, wurde in den 50er Jahren häufig verwendet. Er eignet sich heute als Überbegriff für alle Formen des seitlichen Sich-Abbiegens.

Bei vielen skiläuferischen Aktionen und Positionen ist ein seitliches Abbiegen des Körpers zu beobachten. Dies kann wie in der Schrägfahrt eine Dauerposition sein oder im Schwung eine Position auf Zeit, die sich zudem stetig ändern kann. Dieses seitliche Abbiegen kann durch recht verschiedene Aktionen erfolgen und ist aus Gründen der Verträglichkeit und der Effektivität nicht unwichtig. Diese hängen von der Art des Abbiegens ab.

Der Hüftknick

Wird die Kommastellung durch ein Führen der Knie zum Hang und ein gleichzeitiges seitliches Abbiegen der Lendenwirbelsäule bei aufgerichtetem Oberkörper eingenommen, so findet man zum Hüftknick. Diese Form ist

Hüftknick

Frontalposition

Torsionsstellung

Diagonalposition

Vor-Seitbeugen

auffällig und ausdrucksstark. Auch kommt der Ski dabei sehr gut auf die Kante. Aber die Möglichkeit der Kraftausübung mit der Rumpfmuskulatur ist stark beeinträchtigt. Auch ist diese Haltung, wenn größere Kräfte im Spiel sind, unverträglich. Knie und Wirbelsäule werden untypisch belastet.

Das Vor-Seitbeugen
Nimmt man eine Haltung ein, die dem Hüftknick ähnlich, aber mit einem stärkeren Vorbeugen des Oberkörpers gekoppelt ist, so erhält man die Effektivität der Kommastellung, verteilt aber den seitlichen Belastungsdruck über die Wirbelsäule etwas besser.

Das Hüftcanting
Wird der Winkel, der zum seitlichen Abbiegen führt, zwischen Beine und Hüftquerachse gelegt, so kommt man zwar nicht zu einem so extremen Aufkanten wie bei den vorherigen Möglichkeiten, man schont aber Knie und Wirbelsäule und kann die Muskelkräfte des Rumpfes viel besser einsetzen. Letztlich führt das zu einer höheren Kantengriffkraft. Das Hüftcanting ist sehr häufig in der Diagonaltechnik zu beobachten.

Hüftcanting

Moderne Tendenzen des Skilaufs

Kreuzkoordination von Bein- und Armarbeit

Beim Gehen und Laufen schwingt der rechte Arm vor, wenn das linke Bein ausgreift. Jeweils der gegenüberliegende Arm schwingt beim Schritt nach vorne. Bein und Arm spielen so über Kreuz zusammen.

Die Einführung der Kippstange im Slalom ist zum guten Teil dafür verantwortlich, daß sich die Kreuzkoordination in der Skitechnik durchgesetzt hat. Da man die Kippstange wegdrücken kann, wird der Ski sehr nah an die Stange herangeführt und der Körper über die Stange hinweg oder meist sogar noch weiter zum Schwungzentrum hin geführt. Damit aber ist die Innenhand viel weiter von der Stange weg als eine Außenhand, die vorgeführt wird. Was liegt näher, als zur Schwungeinleitung den Außenarm vorzuschwingen, um damit die Stange wegzudrücken – so aber gleichzeitig Arm- und Beinarbeit über Kreuz zu koordinieren.
Bei jeder Skitechnik findet ein Wechsel zwischen Innen- und Außenski

statt. Immer wird im Verlauf des Schwunges der Innenski vorgeschoben. In diesem Sinne kann man von einem verdeckten Schritt auch beim Parallelschwung sprechen. Damit aber erhebt sich für alle Schwungtechniken die Frage, ob nicht mit dem Skiwechsel auch ein Armwechsel in der natürlichen Kreuzkoordination erfolgen sollte (rechtes Bein und linker Arm vorn, linkes Bein und rechter Arm vorn).

Die *Rotationstechnik* (siehe ausführlich S. 61–81) verfügt von jeher über eine Kreuzkoordination von Arm- und Beinarbeit, auch wenn diese bisher

Kreuzkoordination

nicht so interpretiert wurde, da der Armbewegung nach vorne auf der Schwungaußenseite eine Impulsarbeit zugeschrieben wurde. Es dürften sich aber für jedermann Fahrversuche unter diesem Aspekt lohnen. Man wird dabei erkennen, daß die Rotation im Sinne der Kreuzkoordination ein modernes Prinzip des Schwingens sein kann.

Die *Beinspieltechnik* (siehe ausführlich S. 82–103) bestimmt von jeher mit großer Strenge die Gegenbewegung beider Arme mit dem Rumpf gegen die Beinarbeit. Jedes Vorgehen des Außenarmes wurde als grober Verstoß bewertet und mit dem Diktat «Rotation» abqualifiziert. Das war kurzsichtig. Das Prinzip des Drehens der Beine gegen die Masse des Körpers bleibt unberührt und unbeschädigt, wenn man die Arme in eine Kreuzkoordination der Schrittstellung und des Schrittwechsels einbezieht. Selbstverständlich wird dabei der Beinspieltechnik etwas von ihrer artifiziellen Faszination genommen. Die ausdrucksstarke und auch für den Fahrer gefühlsstarke Verwindung des Körpers gegen die Beine wird gemindert. Aus diesem Grunde wird bei der Abhandlung über die Parallelschwünge der Beinspieltechnik auf eine Kreuzkoordination verzichtet und sozusagen die Originalversion angeboten.

Dennoch sollten einige Personengruppen sich die Beinspieltechnik erleichtern und die Armbewegung über Kreuz führen, d. h. den Außenarm vorbringen:

44

Kreuzkoordination

– alle Gelegenheitsskifahrer,
– alle Skifahrer ohne große Stil-
  ambitionen,
– alle Senioren,
– alle sogenannten «Rotierer».
Die letzte Gruppe muß sich aber überprüfen, ob sie bisher wirklich nur den
Arm oder auch die Hüfte vorbrachte.
In diesem Fall sollten die Fahrer zur
Rotationstechnik wechseln und diese
zu ihrer persönlichen Standardtechnik
machen.

Wenn man einmal erfahren hat, daß
auch das Beinspiel mit der Kreuzkoordination sehr viel leichter wird, kommt
es für viele Lehrer zu der pädago-
gischen Gewissensfrage, ob sie diese
Art den Schülern vorenthalten dürfen.
Ist es vertretbar, nur um der «Reinheit

der Lehre» willen, Schülern diese
leichtere und für die Anwendung gün-
stigere Form zu verschweigen?

Auch für die bisherige Beinspieltechnik *Umsteigen* war in diesem Buch die
Kreuzkoordination geplant. Damit
aber ist diese schon recht nahe an
der modernen Diagonaltechnik. Es
scheint deshalb sinnvoll zu sein, noch
weiterzugehen und zum Schritt mit
Kreuzkoordination auch den sofortigen Positionswechsel und damit die
Dauerposition hinzuzunehmen. Damit
ist die Umsteigetechnik mit Beinspiel
aber vollends aufgegeben.

Diagonalposition

Die *Umsteigetechnik* muß konsequenterweise als eine historische Technik gewertet werden.

Ob man sie dabei als «Klassiker» einstufen will, hängt letztlich davon ab, wie hoch man noch den Anwendungswert und wie groß man die Adressatengruppe einschätzt.

In diesem Buch wird jedenfalls auf sie verzichtet, dies um so leichter, als sie in der Literatur ausgezeichnet dokumentiert ist.

Centertechnik
kontra Beinspieltechnik

Beobachtet man alle Schwungtechniken der Skigeschichte hinsichtlich einer Zentrierung der Arbeit und der Steuerung, so kann man zunächst drei Gruppen feststellen.

Der *Telemark* wird durch reine Beinarbeit eingeleitet und mit mäßigen Haltekräften aus dem ganzen Körper gesteuert. Im großen und ganzen ist es ein sehr passiver Schwung, da die eigentliche Richtungsänderung durch die Konstellation der Skistellung und die Wirkung der äußeren Kräfte zustande kommt.

Die *Beinspieltechnik* arbeitet vornehmlich mit den Beinen. Alle Aktionen und alle Steuerungen übernehmen die Beine. Rumpf und Oberkörper mit den Armen werden nur reaktive Aufgaben zugewiesen. Schon früh wurde dafür die Formel geprägt: «Unten actio, oben reactio».

Die klassische Technik der *Rotation* und die hier vorgestellten neueren Techniken, die mit *Blocktechnik* und *Diagonaltechnik* charakterisiert werden, sind Ganzkörpertechniken. Ganz anders als in der Beinspieltechnik ist bei ihnen die Muskulatur des ganzen Körpers beteiligt. Der Bewegungsablauf wird vor allem aus der Körpermitte gesteuert. In diesem Sinne sind sie «Centertechniken».

Telemark, Beinspieltechnik und Centertechniken sind also hinsichtlich der zu leistenden Arbeit und der Art der Steuerung drei *Grundtypen* alpiner Skitechniken. Alle drei, auch der Telemark, verfügen noch über eine vielgestaltige Gliederung und Ausdifferenzierung innerhalb ihres Systems, die jedoch die aufgezeigten Grenzen der Arbeitsweise und Steuerung nicht überschreiten.

Die neuesten Entwicklungen, die Blocktechnik und die Diagonaltechnik als Ganzkörpertechniken (Bewegungsgestaltung aus der Mitte), werfen die Frage auf, ob die Beinspieltechnik nicht auch ihre systembedingten Grenzen hat und ob diese nicht gerade in der Zentrierung auf die reine Beinarbeit liegen. Wie bei der späteren Beschreibung der Schwungtechniken noch genauer festzuhalten sein wird, zeigen sich als *Schwächen der Beinspieltechnik*:

○ Die extremen Beuge- und Knickpositionen vor allem im Knie und in der Lendenwirbelsäule sind unverträglich.

○ Eben diese Positionen führen zu sehr ungünstigen Kraftwirkungslinien zwischen Rumpf und Ski.

○ Die Rumpfmuskulatur wird nicht für die «Arbeit auf dem Ski», sondern nur für die Einhaltung von Positionen und für Gegenbewegungen eingesetzt.

Das hat für das praktische Fahren einige negative Auswirkungen:

○ Für schnelleres Fahren und für mittleres Fahrtempo auf glatter Piste steht zu wenig Kraft zur Verfügung.

○ Geschnittene Schwünge sind fast unmöglich.

○ Lokale Ermüdungen der Beinmuskulatur setzen sehr rasch ein.

Auch Aspekte des Lernens und Könnens sprechen nicht für die Beinspieltechnik:

○ Obwohl man heute «das Skifahren» sehr schnell erlernt, ist es schwierig, die Beinspieltechnik auf einem akzeptablen Niveau ebenso schnell weiterzuführen. Bei vielen Skifahrern ist hier zu beobachten, daß sie trotz großer Anstrengungen nicht weiterkommen. Das aber liegt nicht an unzureichenden Voraussetzungen oder an fehlender Kompetenz der Lehrer, sondern an der Sache selbst.

○ Das einmal erworbene Können ist verhältnismäßig instabil. Psychische und situative Bedingungen führen zu starken Niveauschwankungen.

○ Beim Beginn der Saison oder erst recht nach noch längeren Unterbrechungen sind bei vielen Skifahrern längere Anlaufzeiten zu beobachten.

○ Die perfekte Beherrschung dieser Technik gelingt – wenigstens nach den herrschenden Standards des Unterrichts und der Skilehrerausbildung – praktisch niemandem. Das liegt aber sicher nur zum Teil an den Maßstäben, zum guten Teil auch an der Technik selbst.

○ Auch sehr gute Skifahrer und Skilehrer brauchen eine ständige und strenge Selbst- und gelegentliche Fremdkontrolle, um nicht gegen die «Normen» dieser Technik zu verstoßen.

Sieht man so mit kritischen Augen die Beinspieltechnik, dann scheint sich doch erfüllt zu haben, was die Kritiker dieser Technik bei ihrer ersten Vorstellung beim Interskikongreß in Davos 1952 bereits vermutet haben. Christian Rubi, der Wortführer der Schweizer und Kongreßpräsident, sprach davon, daß diese Technik zu artistisch sei und zu wenig Gebrauchswert habe.

Diese Kritik soll allerdings nicht die großen *Vorzüge* der Beinspieltechnik vergessen lassen, wie reaktionsschnelles Drehen der Ski, Schwingen noch bei langsamem Tempo, allgemeine spielerische Handhabung der Ski, präzise Plazierung der Ski auch im Steuern bei griffigem Schnee u. a. Der Abschnitt «Schwungtechnik» wird sich damit näher auseinandersetzen (S. 59 ff).

Die Kritik soll allerdings den Blick für die Vorzüge der anderen Techniken öffnen. Die *Block-, Rotations-* und *Diagonaltechnik* sind Ganzkörpertechniken. Sie setzen den ganzen Körper unmittelbar für die Auslösung und Steuerung des Schwunges ein. Vor allem der Rumpf und die Körpermitte mit den Hüften haben eine zentrale Bedeutung.

Im einzelnen sind folgende Momente und Kriterien für sie charakteristisch:

● Der ganze Körper wird für die Schwungauslösung und Schwungsteuerung eingesetzt.

● Die großen Muskelgruppen des Rumpfes und die großen Muskelschlingen, die in Oberkörper und Rumpf ansetzen, werden für die Aufgaben des Fahrens und Schwingens herangezogen.

● Die Kraftwirkungslinien für die Körperarbeit sind günstiger als in anderen Techniken.

● Die Funktionsspannung des Körpers wird ähnlich wie für die Schußfahrt leichter und besser gewahrt.

● Das Spannungszentrum der Körpermitte kann besser als Brücke zwischen Oberkörper und Beinen dienen. Damit wird der innere Kraftschluß optimal gewahrt.

- Die Körpermitte mit den Hüften bekommt Steueraufgaben für die Plazierung des Schwerpunktes und für die allgemeine Gleichgewichtsregulation.
- Die Bewegungen aus den Hüften erlauben, rasch die Kurvenlage einzunehmen, die Körperbahn im Schwung gezielt zu führen und eventuell ein hohes Bahnsplitting (S. 128) einzugehen.
- Die Sensibilität der großen Hüftgelenke und die nervalen Zentren im Lendenwirbelbereich und im Becken versprechen eine allgemeine gute Bewegungssteuerung.
- Die Bewegungssteuerung aus der Körpermitte kommt der Alltagsmotorik recht nahe.

Es ist ein Anliegen dieses Buches, die alles beherrschende Stellung der Beinspieltechnik in Frage zu stellen. Gleich drei Alternativen versprechen Vorteile. Die Diagonaltechnik scheint nach dem gegenwärtigen Entwicklungsstand im Bereich des sehr guten Skifahrens die Beinspieltechnik sogar direkt abzulösen.
Allgemein haben Centertechniken physiologisch, physikalisch und ökonomisch bessere Lösungen für sich. Darauf beruht wahrscheinlich auch die Tatsache, daß sie leichter zu erlernen sind und so für die große Masse der Skifahrer an Bedeutung gewinnen.

Rotation als Centertechnik

Die neue Dynamik

Durch die ganze 100jährige Geschichte des sportlichen, alpinen Skilaufs sind Stationen und Stufen einer immer stärkeren Dynamisierung zu verfolgen. Immer längere Abfahrten wurden erschlossen, die Fahrgeschwindigkeit stieg, durch verbessertes Gerät konnte die Körperkraft immer direkter und rationeller in die Waagschale geworfen werden. Schließlich wurde die Technik selbst immer dynamischer.

Während man sich im Telemark weitgehend abwartend, in einer Position verharrend, den äußeren Kräften überließ, suchte man in den Folgetechniken immer aktiver und unmittelbarer mit der eigenen Bewegungskunst der äußeren Kräfte Herr zu werden. Viele Jahre lang konzentrierten sich diese Bemühungen allerdings auf den Schwungbeginn. Ein Höhepunkt in dieser Entwicklung war sicherlich die Einführung und Verbreitung der Umsteigetechnik in den 60er Jahren. Eine weitere Dynamisierung erfuhr das Schwingen durch den Versuch, die Steuerphase so zwingend zu gestalten, daß eine annähernd geschnittene Spur gefahren werden konnte.

Der deutsche Skilehrplan wies in den 70er Jahren als einen besonders dynamischen Schwung das «Schnellende Umsteigen» aus, zu dem die Schweizer bald «flying step» sagten. Das Scherumsteigen wurde zum sportlichsten Schwung überhaupt. Seine Dynamik wurde Fahrer und Beobachter zugleich bewußt. Der Geflogene Hochschwung strahlte mit seiner Kombination von Schwung und Sprung nicht die Dynamik der Aktion, sondern die Dynamik

der Kühnheit und des Ereignisses aus. «Ski Schweiz», der offizielle Lehrplan der Schweizer, arbeitete 1985 mit den Formen des «Rennumsteigens» neue und noch dynamischere Formen des Umsteigeschwingens heraus.

Inzwischen sind noch weitere neue Momente einer Dynamisierung der alpinen Fahrtechnik festzustellen:

Diagonalschritt und Positionswechsel
Wie in der Darlegung der Diagonaltechnik noch ausführlich aufgezeigt wird, erfährt der Schwungbeginn mit dem entschlossenen, energischen Diagonalschritt eine weitere Dynamisierung. Der Fahrer stürmt damit in den

Die neue Dynamik zeigt sich also in einem stürmischen Schritt und einer zentralen Körperarbeit im Schwung, die mit Kippen, freiem Schweben und Fahren aus der Körpermitte beschrieben werden kann. Diese neue Dynamik, die im Rennlauf zu beobachten ist, wird bald auch im freien Fahren Nachahmung finden, weil sie noch mehr Aktion, noch größere Gestaltungsmöglichkeiten und neuen Spaß verspricht.

Besondere Dynamik durch das Trampolinprinzip

Springt man förmlich von Schwung zu Schwung den Hang hinunter, so benutzt man das Trampolinprinzip. Man stößt sich vom Ski ab, die Skiführung im Schnee verliert an Bedeutung, bis man zum Schwungende wieder auf die Ski aufspringt. Wie beim Trampolin wird der Moment des Absprunges wichtig für die Gestaltung des ganzen Schwunges.

Schwünge nach diesem Prinzip gab es auch bisher schon. Wohl der schönste von ihnen ist der *Geflogene Hochschwung*. Hier verbindet man einen Schwung mit einem möglichst weiten Sprung. Aber der Sprung muß in der Schwungmitte liegen! Man dreht einen Schwung an und hebt im Moment der ersten Drehung ab. Die Drehung soll sich in der Luft fortsetzen, und sie wird ebenso nach dem Aufsetzen weitergeführt.

Es ist gut vorstellbar, daß dieser Schwung einen besonderen Reiz hat und daß ihm ein besonderes dynamisches Moment innewohnt. Ähnliches erlebt und sieht man auch bei einem *Jetschwung*. Hier liegt nach dem Jet der Körper einige Momente so weit innen, daß man spürt, wie man das

Schwung hinein. Eng verbunden mit diesem Schritt ist ein sofortiger Positionswechsel.

Steuern aus der Körpermitte

Auch die Steuerphase wird viel dynamischer gestaltet als bisher. Vor allem das Kippen aus der Hüfte in den Schwung hinein gibt diesem Fahrabschnitt einen Akzent des entschlossenen Handelns und des kalkulierten Wagens zugleich. An die Stelle einer vertikalen Beweglichkeit ist eine horizontale Handlungsebene getreten. Damit wird einer aktiv geführten Körperbahn neben der Skibahn erstmals eine große Bedeutung zugemessen.

Gleichgewicht aufgegeben hat und schwebt.

Ähnlich sind die Verhältnisse auch bei einem *Diagonalschwung*, bei dem man mit dem Körper sehr weit nach innen geht und die Kurve mit dem Körper sozusagen abschneidet. Dieser «Sturz» nach innen und den Hang hinab dynamisiert den Schwung auf gleiche Weise wie bei den vorherigen Beispielen, ohne das aber der Ski vom Schnee abgehoben wird.

Dieser Blick auf die allgemeine Dynamisierung, vor allem auf die Möglichkeiten eines dynamischeren Fahrens, darf nicht den Blick dafür verstellen, daß viele Skifahrer eine behäbige und lässige Art des Abfahrens und Schwingens heute vorziehen, wie sie sich in der Blocktechnik niederschlägt. Anderen könnten die Möglichkeiten der Rotationstechnik genügen.

Dennoch ist an der Entwicklung der Diagonaltechnik interessant, daß es sich hier nicht nur um Temposteigerungen oder noch heftigere Aktionen handelt, sondern sozusagen um eine «innere Dynamisierung» des Schwingens mit einem quasi «beruhigten» Erscheinungsbild nach außen.

Sicherheit, Verträglichkeit, Schwierigkeit

Im Gegensatz zu den Diskussionen um die «Natürlichkeit» einer Skitechnik findet man in der Geschichte der Skitechnik nur gelegentlich Auseinandersetzungen um den Gesundheitswert. Und zwar wurde dieser Streit immer nur dann gepflegt, wenn eine neue Technik durchgeboxt oder umgekehrt abgeblockt werden sollte. So erging es den «natürlichen» Skitechniken von T. Ducia und K. Reinl 1934 und ebenso denen von E. Matthias und G. Testa 1936. Zum letzten Male ist eine derartige Auseinandersetzung 1952 geführt worden, als Prof. S. Kruckenhauser auf dem Skikongreß in Davos zum ersten Male die Beinspieltechnik vorstellte. Dabei wurden die alten Vorwürfe gegen die Rotationstechnik wieder lebendig, daß sie mit ihrer flachen Skiführung zum Sturz über die Außenkante anstifte, daß die Körperdrehung durch Überdrehung zum Abdrehen der Beine führen könne. Die Anhänger der Rotationstechnik dagegen hielten unter der Wortführung des Kongreßleiters Christian Rubi der Beinspieltechnik vor, daß sie artistisch und gefährlich sei.

Eine grundsätzliche Untersuchung verschiedener Skitechniken auf ihre gesundheitlichen Folgen ist nirgends zu finden. Vielleicht besaß dieses Problem auch so lange keine größere Dringlichkeit, wie fehlende Aufstiegshilfen die Zahl der Abfahrten und damit die Zahl der Schwünge sehr wirkungsvoll begrenzte. Aber bereits für die Wedeltechnik verwies der Wiener Sportmediziner L. Prokop darauf, wie völlig unverträglich Hüftknick und Verwindung für die Wirbelsäule seien. Eine sehr scharfe Abrechnung mit der «Wellentechnik» und ihrer speziellen Belastung für die Knie führt der Innsbrucker Sportwissenschaftler Erich Müller 1987 durch.

Das Thema «Sicherheit» einer Skitechnik wurde in der Vergangenheit nur an zwei skitechnischen Polen angesprochen. Einmal beschäftigen sich damit die Steilwandfahrer wie Sylvain Saudan, zum anderen wird das Thema in der Grundschule diskutiert, wenn die Skispur zu breit oder eng, die Knickstellung unverträglich oder die Rücklage beinahe «kriminell» ist.

Erstaunlicherweise wurde auch niemals ein systematischer Versuch gemacht, die «Schwierigkeit» einer Technik festzustellen. Doch wurde dieses Argument grundsätzlich neuen und anderen Techniksystemen oder auch lediglich einem speziellen Schwung entgegengehalten.

Im Teil *Schwungtechnik* wird in diesem Buch jeder Schwung hinsichtlich seiner Sicherheit, seiner Verträglichkeit und seiner Schwierigkeit näher betrachtet.

Sicherheitstraining am REIVO-Band

In diese Bewertung gehen viele bekannte Argumente und Erfahrungen, aber auch die Ergebnisse von Befragungen ein. Der Deutsche Verband für Gesundheitssport und Sporttherapie e. V. setzt diese Untersuchungen in einem Langzeituntersuchungsprogramm fort.

Als Untersuchungsrichtung und Untersuchungsgesichtspunkte werden herangezogen:

Eine *Sicherheitsbeurteilung* nach den Kriterien

● Spurgenauigkeit,
● Reaktionsfähigkeit,
● Störanfälligkeit,

eine *Verträglichkeitsprüfung* nach den Kriterien
● Ermüdung,
● Verschleiß,
● Verletzung,

ein *Schwierigkeitstestat* nach den Kriterien
● Lernaufwand,
● Stabilität des Könnens,
● Konditionsanspruch.

Bewegungsgefühle als Zugang zur Technik

Bewegungen kann man nicht nur von außen anschauen und beschreiben, sondern man kann sie auch selbst erfahren, erleben und fühlen. Gelegentlich liest man, was andere bei einer Bewegung fühlen, und man erinnert sich, daß man das gleiche oder wenigstens Vergleichbares auch schon erlebt hat. Befragungen von vielen Skifahrern förderten die Beschreibungen von Gefühlen zutage, die mit Techniken eng verbunden sind.
Über das Kurzschwingen sagte beispielsweise unmittelbar danach ein Skifahrer: «Impulsiv, voller Akzente, voller Aktion. Starkes Aufkanten. Bewegung auf und nieder, auf der Kante, kurzes Steuern. Traumhaft.»
Hier sind schon Bewegungen in Gefühle übersetzt. Versucht man sie zu verstehen, so ist es fast, als ob man selbst der Fahrer wäre. So erschließen also nicht nur Bewegungsbeschreibungen und nüchterne Analysen eine Fahrweise, sondern auch die typischen Bewegungsgefühle öffnen einen Zugang zu ihr. Die «Außensicht» der Beschreibung und die «Innensicht» einer Gefühlsschilderung ergänzen einander.
Seit langer Zeit sind in verschiedenen Sportarten Bemühungen zu beobachten, den Körpergefühlen und der allgemeinen Befindlichkeit nachzuspüren. Für das Skifahren wurden auch speziellere Ergebnisse von Befragungen vorgelegt. Es ist Aufgabe einer modernen Bewegungslehre und einer modernen

Skitheorie zu erforschen, welche Gefühle in der Regel mit welchen Bewegungstechniken verbunden sind.

Sicherlich wird es viele individuelle Abweichungen geben, auch werden sich die Bewegungsgefühle nicht immer mit gleicher Deutlichkeit und gleicher Intensität erschließen; aber diese Vorbehalte gelten auch für die rein rationale Erfassung von Bewegungen mit Maßstäben von außen.

Bewegungsgefühle betreffen zunächst immer eigene Körperwahrnehmungen und spezielle Sinneseindrücke, wie folgende Schilderung eines Skifahrers zeigt. «Umspringen: Druck auf den Fußkanten suchen – abspringen wie eine zusammengedrückte Feder – hoch in die Luft gehen und herumwirbeln – dabei leicht sein wie ein Floh – wie eine Katze aufkommen.» Gefühle werden häufig in Bildern und Vergleichen ausgedrückt. Besonders oft findet man Parallelen zum motorischen Verhalten von Tieren.

Fast immer gehen die rein physiologischen Sinneseindrücke in die abstrakteren psychischen Befindlichkeiten über, wie dieser Aussage zu entnehmen ist: «Wedeln. Weiche Bewegungen. Der Ski, der Fuß, die Beine, der ganze Körper paßt sich den Schlingerbewegungen des Wedelns an. Jetzt fühle ich die Stimmung der Harmonie, in diesem Moment genieße ich das Skifahren.»

Häufig prägen die Situation und die Szene das Bewußtsein und Erleben: «Abseits der Piste habe ich Angst. Ich glaube, das liegt an der Unerfahrenheit. Wenn ich auf der Piste fahre, klappt alles, erlebe ich das totale Glücksgefühl. Skifahren ist toll.»

Wie überschäumend Bewegungsemotionalität sein und wie sie das Bewußtsein förmlich überfluten kann, veranschaulicht die Selbstschilderung, die ein Skifahrer noch mit keuchendem Atem nach einer Serie von Schwüngen hervorsprudelte: «Es ist ein Traum, ein Feeling, Freiheit, Spiel mit dem Ski, Spiel mit der Kante, Spiel mit der Bewegung, Spiel mit den Aktionen. Ökonomie, Freude, Spaß haben, irre, erlebnisreich, traumhaft, wunderbar, brutal, gewaltig, sich selbst erleben, in sich aufgehen, auf der Suche nach dem Glück, auf der Suche nach der Freiheit.»

Für eine Skitheorie von besonderem Interesse sind alle Versuche, das Wesen einer Technik über die Bewegungsgefühle zu bestimmen. Hier scheinen oftmals die Wirkungen des Bewegungsvorgangs auf den Fahrer einen besseren Zugang zu liefern als die Beschreibungen aus der Außensicht: «Kurzschwingen gibt mir Impulse, Spritzigkeit, das Dynamische. Gibt mir die Bestätigung, die Ski in lockerer und spritziger Fahrweise zu beherrschen. Befriedigt mich unheimlich. Dagegen ist mir Wedeln zu blaß, zu wenig dynamisch, schmierig.»
Kennt man einmal die speziellen Gefühle, die durch bestimmte Bewegungen ausgelöst werden, so sollte man sich fragen, ob dieser Prozeß nicht auch umkehrbar ist. Ist es nicht möglich, über die entsprechenden Bewegungsgefühle bestimmte Techniken zu vermitteln oder zumindest die Vermittlung zu unterstützen.

Der Zugang zur Technik über die Bewegungsgefühle dürfte ganzheitlicher und lustvoller sein als bloße technische Analysen. Auch dürfte die Verständigung darüber und ihre Vermittlung besondere Reize haben.

● Jeder Schwung, der vorgestellt wird, erhält neben der herkömmlichen Bewegungs- auch eine Gefühlsbeschreibung.

Der Zugang zur Skitechnik auch über die Bewegungsgefühle ist sicherlich nicht nur eine neue analytische und methodische Möglichkeit, sondern zudem eine große pädagogische Chance. Einmal könnten die zahlreichen und sicherlich oftmals unvermeidbaren Lern- und Leistungsfrustrationen begrenzt werden, vor allem aber würde dem Anliegen der individuellen Selbstverwirklichung im reinen skitechnischen Sinne ein Weg gebahnt. Noch mehr würde diesem Sport ein Dienst in allen Fragen der Sinnfindung und Sinngebung geleistet.

Wie stark bloße Skitechnik und generelle Sinnfindung gelegentlich ineinandergreifen, zeigt das Beispiel eines Skifahrers, der gebeten wurde, die Bergstemme mit Drehabstoß mit der Bergstemme mit Belastungsdrehen zu vergleichen. Nach Abschluß der Fahrt sprach er in sein Diktiergerät: «Beim Belastungsdrehen habe ich mehr das Gefühl, über dem Schnee zu schweben. Ich habe da ein besseres Gefühl. Für mich ist Skifahren ein Naturerlebnis. Freudig sein. Das Gefühl der Geschwindigkeit. Zu schweben. Gerade über Firnhänge. Man ist da irgendwie weg. High! Ein Supergefühl, ohne Kraft, ohne Anstrengung zu fahren. Auch irgendwo ein Abreagieren. Ein Sich-Wiederfinden. Sich erholen. Aber auch seine Kräfte spielen zu lassen.»

Um in die Welt der Bewegungsgefühle beim Skifahren einzudringen und um umgekehrt die Skitechnik auch von den Gefühlen her zu erschließen, werden drei Wege gegangen:

● Die theoretischen Überlegungen werden mit Beispielen aus der Gefühlswelt verwoben.
● Die großen Drehmechanismen werden unter den Stichworten Bewegungsemotionalität und Bewegungsästhetik charakterisiert.

Schwung-
technik

Schwungmechanismen
und Schwungformen

Was in Lehrbüchern unter «Elementarschule» oder «Grundschule» abgehandelt wird, hat heute jeder Anfänger nach einer Woche hinter sich gelassen. Die schwungvolle Richtungsänderung ist spätestens am vierten oder fünften Tag erreicht. Das ist der Hauptgrund, warum in diesem Buch auf eine Darstellung dieser Inhalte verzichtet wird. Im Gegensatz dazu haben sich die möglichen Formen des Schwingens im Laufe der Entwicklung vermehrt, ja sind heute so zahlreich geworden, daß es nicht mehr sinnvoll ist, sie alle zu erlernen. Allein im Rahmen der sogenannten Beinspieltechnik kann man heute mehr als dreißig Schwungformen in den Lehrbüchern vorfinden.
Die Lehrpläne der verschiedenen Länder bemühen sich in den letzten Jahren vor allem um geeignete Systeme, die die Fülle der Möglichkeiten ordnen und zugänglich machen sollten. Betrachtet man sie, so fällt im schweizerischen Skilehrplan die methodische Orientierung auf, die vor allem Lernzusammenhänge wahren will; im öster-

reichischen Skilehrplan gefällt die übersichtliche und einprägsame Einteilung; der deutsche Skilehrplan dagegen zeichnet sich durch Gründlichkeit und funktionale Begründung aus.

Kritisch ist aber bei allen vorliegenden Systemen festzustellen, daß sie einerseits Traditionen wenig schätzen und nicht sehen, welche Rolle sie heute noch spielen könnten und sollten, andererseits aber auch nicht die neuesten Entwicklungen aufgreifen. Letzteres liegt unter anderem auch an den zeitlichen Schwierigkeiten. Lehrsysteme bestehen nicht nur aus Büchern, sondern auch aus Institutionen und Organisationen, aus Schulen und Lehrern. Nach ihrem gegenwärtigen Selbstverständnis können sie nicht alle paar Jahre eine größere Umstellung bewältigen.

Die möglichen Schwungtechniken werden in diesem Buch nach der einfachen Struktur «Schwungmechanismen und Schwungformen» aufbereitet und vorgestellt. Welche Ansprüche dieses Buch stellt, um einen übergreifenden Mechanismus als Ordnungs- und Einteilungsfaktor heranzuziehen, wurde bereits im Theorieteil festgestellt.

Die Anzahl der Schwungformen wurde bewußt auf jeweils drei in jedem System festgelegt. Diese sind die wichtigsten und haben beispielhaften Charakter. Wer sie beherrscht, wird ganz von selbst zu weiteren Formen finden. Dabei muß im einzelnen noch besprochen werden, wie sinnvoll es überhaupt sein kann, auf einem bestimmten Technikgebiet noch weitere Formen zu erlernen.

Ein guter Skifahrer wird heute nicht mehr möglichst viele Schwünge in seinem Repertoire sammeln, sondern er wird als eine der großen Dimensionen des Könnens seine Fähigkeit des «freien Skifahrens» erweitern. Er wird nicht Varianten lernen, sondern das Variieren. Er wird sich nicht an die Formen ausliefern, sondern Grundstrukturen immer neu den Verhältnissen anpassen. Er wird immer mehr versuchen, erfinderisch und kreativ zu fahren.

Auch in diesem Sinne beschränkt sich die vorliegende Konzeption auf wichtige Beispiele. Allerdings werden diese und die dazugehörige Theorie nicht formalistisch nach gleichem System und gleichem Umfang abgehandelt, sondern nach ihrem Problemgehalt besprochen. So ist es verständlich, daß z. B. der Diagonaltechnik größerer Raum als der Blocktechnik zugestanden wird.

Rotationstechnik – eine klassische Schwungtechnik

Wissenswertes zur Rotationstechnik

Eine Skigeschichte für sich

Vom Beginn der sportlichen Ära des Skilaufes in den 80er Jahren des vorigen Jahrhunderts bis 1955 war Skitechnik fast gleichzusetzen mit Rotationstechnik. Zwar konkurrierte mit den Kristianias, den Schwüngen, von Anfang an der Telemark. Aber dieser fiel in der Gunst der Skifahrer bald immer weiter zurück, bis man anfangs der 30er Jahre begann, ihn aus den Lehrbüchern zu verbannen. Federführend dafür war das damalige Skizentrum der Welt, der Arlberg.

Ein Versuch des deutschen Einzelgängers Fritz Reuel, Mitte der 20er Jahre Techniken des Eislaufes auf das Skifahren zu übertragen, entwickelte sich zwar zur Basis allen Trickskilaufens, konnte aber die herrschende Stellung der Rotation nie gefährden. Diese Chance hätte vielleicht 1934 der Tiroler Toni Ducia, über den im Zusammenhang mit der Beinspieltechnik zu berichten sein wird, gehabt, als er eine

schraubenlose Technik vorstellte. Aber der Arlberg und Österreich hatten sich so mit der Rotationstechnik identifiziert, daß die Existenz einer jeden anderen Technik als Angriff empfunden wurde. Auch ein sehr ähnlicher Versuch der Schweizer Eugen Matthias und Giovanni Testa, die ebenfalls Vorläufer der Beinspieltechnik waren, hatte nur regionalen Erfolg. Die Rotation blieb weltweit unangetastet.

Als Vorbote neuer Entwicklungen etablierte sich zum Ende der 40er Jahre bei den Rennläufern das sogenannte «Gegenschulterschwingen»: Erst Gegendrehen der Schultern – dann Richtungsdrehen der Beine.

1955 mit der Präsentation der Beinspieltechnik durch Stefan Kruckenhauser geriet die Rotation weltweit ins Hintertreffen. Sie konnte der Faszination des Neuen nicht standhalten. Dazu hatte längst eine Kampagne mit unseriösen Argumenten eingesetzt: Rotation sei extrem unsicher; mit der Rotation drehe man sich im Sturz selbst die Beine ab; mit der flachen Skiführung der Rotationstechnik könne es keine gezielte Kurvenfahrt geben.

Verständlicher scheint es, daß die neue Art des Kantenskilaufes, der kunstvollen Körperführung und des flinken Wedelns jedermann in die Augen stach und für sich einnahm. Schließlich griffen auch Neuerungsmechanismen. Es mußte etwas Neues her! Hinhaltenden Widerstand gegen die Wedeltechnik, wie sie bald überall genannt wurde, bot für einige Jahre nur Frankreich. Dazu blieb eine kleine Gruppe von Skifahrern immer rotationstreu, die Tourengeher und Tiefschneefahrer.

1971 schien sich für die Rotationstechnik wieder eine kleine Tür aufzutun: Der deutsche Skilehrplan nahm im Zuge einer allgemeinen Öffnung auch den Rotationsschwung in sein Repertoire auf. Aber dieser Vorgang diente mehr der Legitimation einer neuen Linie. In der Praxis blieb das Rotieren tabuisiert, da es ja im Rahmen der Beinspieltechnik gerade den größten Fehler darstellte.

Erst 1987 wurde in Deutschland wieder ein neues Zeichen gesetzt, als nämlich der Deutsche Skilehrerverband im Rahmen eines «Schonprogrammes» einen unkomplizierten Rotationsschwung als Schontechnik empfahl.

Moderne Rotation

Typische Merkmale der Rotation

Eine gelungene Schülerformel für Rotationsschwingen lautet:
«Es beginnt oben und endet unten!»
Die genaueren Analysen haben immer drei Teile des Ablaufes herausgestellt:

1. Drehen des Körpers in die neue Richtung,
2. Blockieren der Drehung in der Hüfte,
3. Übertragung des Drehens auf die Ski.

Vor allem der erste Punkt hat im Laufe der Entwicklung immer neue Interpretationen erfahren: betonter Schwung oder zurückhaltender Schwung der Arme, geringer oder großer Bewegungsumfang. Noch mehr spielten zur Entstehung immer neuer Rotationsschwünge die Hilfen eine große Rolle: Hochbewegung oder Tiefziehen, Vorlage oder nicht, Anfersen der Skienden (Ruade), Stockeinsatz oder nicht, um nur einige Gesichtspunkte zu erwähnen.

Ausgangs- und Problemlage für die Anwendung der Rotationstechnik haben sich gegenüber früher grundlegend geändert. So hat sich das Gerät wesentlich verbessert: Die Ski drehen viel leichter und halten doch; der Skischuh übersetzt jede seitliche Körperneigung (Kurvenlage!) in ein Aufkanten. Ein zweiter Gesichtspunkt für eine Neubewertung ist das vorwiegende Fahren auf präparierten Pisten. Treffen diese Faktoren in der Praxis zusammen, so benötigt der Rotationsschwung kaum zusätzliche Hilfen, und für das Drehen selbst genügt eine ‹Sparversion› des Rotierens. In der Regel kommt dabei der heutige Skifahrer mit dem Grundmechanismus aus:

Körperdrehung – Blockade –
Übertragung

Die lange Geschichte der Rotationstechnik, der Wandel im Skifahren und die ständigen Verbesserungen der Ausrüstung haben im Laufe einer nun hundertjährigen Geschichte immer neue Schwungformen entstehen lassen. Manche sind vergessen, manche leben als «Spielschwünge» oder «Oldies» weiter, und einige wenige haben noch den Rang von «Gebrauchsschwüngen».

Rotation als Centertechnik

Der Bewegungsablauf beim Rotieren weist den Hüften eine zentrale Rolle zu. Aber auch der ganze Körper ist anders als in der Beinspieltechnik in den Vorgang einbezogen. Der Fahrer dreht den Schwung nicht so sehr mit dem Außenarm, sondern vielmehr mit der Außenhüfte an. Die Hüfte holt aus, schwingt vor und bremst ab. Die Beine sind nur Überträger der Schwungwucht vom Rumpf auf die Ski.

Deutlich ist die Führungsaufgabe des Rumpfes beim Einnehmen der Kurvenlage. Die Rumpfarbeit, die in der Beinspieltechnik als Reaktion auf die Aktion der Beine interpretiert wird, ist den Beinen und den Ski immer voraus. Dabei kann es verständlicherweise zu recht verschiedenen Intensitätsgraden vom Neigen nach innen bis zum Kippen nach innen kommen. Auch innerhalb des Rumpfes können noch Ausführungsunterschiede gewählt werden: Kippen aus dem Oberkörper oder Kippen aus der Hüfte.

Charakteristisch und entscheidend für alle Centertechniken ist auch die Frage, welche Muskeln die Hauptarbeit leisten. Hier beim Rotieren fällt wiederum – für diesen Bewegungsvorgang – der Rumpfmuskulatur die Führung zu. Die großen Muskeln des Rumpfes erzeugen die Drehung! Schließlich wird die Haltearbeit während der Drehung und in der ganzen Schwungsteuerung von Bein- und Rumpfmuskeln gemeinsam geleistet. Die unkomplizierte Stellung des Fahrers erlaubt eine ökonomische Kraftübertragung über eine günstige Wirkungslinie für die Muskulatur des ganzen Körpers.

Eine Verträglichkeitsdiskussion

Eine sehr positive Wertung der Rotationstechnik ergibt heute die Diskussion ihrer Verträglichkeit. Darunter sollte man ein Abwägen der Sicherheitsaspekte und der spezifischen Belastungen auf den Bewegungsapparat verstehen.

Vorwurf der Verletzungsbegünstigung

Verstärkt wirklich die Drehung des Körpers den sogenannten Drehbruch? Selbst wenn man berücksichtigt, daß diese Argumentation noch in einer Zeit erhoben wurde, in der es keine Sicherheitsbindung gab, muß man sehen, daß der vom Körper ausgehende Drehdruck über die Beine auf die Ski sich fast bei jedem Sturz noch innerhalb der Sturzzeit löst. Als zweites sollte man überlegen, daß die Drehrichtung nicht immer mit der Sturzrichtung zusammenfallen muß. Auch müßte das Gegendrehen des Rumpfes in der Beinspieltechnik dann ähnliche Effekte haben. In der Zeit der Sicherheitsbindungen hat diese Diskussion jedoch nur noch historischen Wert.

Vorwurf der unsicheren Fahrt

Mit Sicherheit ermöglicht die Rotationstechnik nicht die gleiche schneidende Kantenführung wie die Beinspieltechnik und noch besser die Diagonaltechnik. Aber von einem unkontrollierbaren Rutschen im Schwung kann in keiner Weise die Rede sein. Im Gegenteil muß heute gesehen werden, wie z. B. Franz Hoppichler, Österreichs oberster Skiausbilder, oft betont hat, daß die driftende Steuerung ein probates Mittel ist, die großen Kräfte der Schwungsteuerung durch ein gewisses passives Verhalten ausklingen zu lassen und nicht muskulär – wie im Schneiden um jeden Preis – diese Kräfte aufzufangen und dabei die eigene Kraft zu vergeuden. Die rutschende Steuerung ist also eine gut vertretbare und obendrein noch genußvolle Fahrtaktik.

Abgesehen von dieser Argumentationsrichtung muß heute die Veränderung des Gerätes mitbedacht werden. Der hohe feste Schuh bringt bei jeder Form des Sich-in-die-Kurve-Legens ein verhältnismäßig frühes und kräftiges Aufkanten mit sich. Das gilt für den Kantengriff und die Kantengriffkraft.

Alltagsmotorik – Skimotorik

Jedermann wendet sich beinahe in allen Lebenslagen der Richtung zu, in die er sich bewegt, und faßt sein Ziel ins Auge. In diesem zunächst ganz eingeschränkten Sinn ist der Rotation eine gewisse Natürlichkeit nicht abzusprechen.

Verzichtet man zudem auf ein übertriebenes Rotieren, so kommt auch die Intensität der Drehung den allgemeinen Bewegungen beim Sich-Wenden nahe.

Schonung der Gelenke

Während die Beinspieltechnik recht unphysiologische Belastungen des Bewegungsapparates in Kauf nimmt, zeigt sich die Rotationstechnik als eine ausgesprochene Schontechnik. Im einzelnen läßt sich festhalten:

● keine verformenden «Jeteinwirkungen» auf die Fußgelenke (vergleiche dazu Jet- und Schleudertechnik),

● keine Drehbelastungen des Knies (vergleiche dazu Beinspieltechnik),

- keine seitlichen Knickbelastungen des Knies (vergleiche dazu Beinspieltechnik),
- keine Spitzenbelastungen der Knie (vergleiche dazu Ausgleichstechnik),
- keine Drehbelastungen der Wirbelsäule (vergleiche dazu Rumpfgegendrehen im Beinspiel),
- keine Knickbelastungen der Wirbelsäule (vergleiche dazu Hüftknick und Vor-Seitbeugen im Beinspiel),
- keine Belastungen der Gelenke in Endstellungen (vergleiche dazu Ausgleichstechnik und Abfangphase im Beinspiel),
- keine problematischen Mehrfachbelastungen (vergleiche dazu Wedeln, Kurzschwingen, Ausgleichstechnik).

Physiologisch günstige Muskelarbeit

Wie schon festgestellt wurde, ist die spezielle Motorik des Rotationsfahrens der Alltagsmotorik in entscheidenden Punkten nicht allzu fern. Im einzelnen sollte bedacht werden:

- Dreh-, Streck- und Beugebewegungen weichen von der Alltagsmotorik und auch von der Sportmotorik des Laufens nicht weit ab.
- Immer werden die Bewegungen von den großen Muskelgruppen der Beine und des Rumpfes getragen.
- Immer geht es um Bewegungen mittleren Umfanges.
- Alle Bewegungen verlaufen zügig und mit mittlerer Geschwindigkeit.
- Alle Bewegungen gehen weich ineinander über.
- Keine spezielle Haltearbeit wird gefordert.
- Es gibt keine andauernden statischen Körperstellungen.

Diese Überlegungen ergeben ein günstiges Belastungsprofil dieser Technik. Sie sollten deshalb nicht nur in ihrer Gesundheit beeinträchtigte Skifahrer, untrainierte Urlauber und Senioren in ihren Entscheidungen beeinflussen.

Sicherheit, Verträglichkeit, Schwierigkeit

Für diese Beurteilungen wird vorausgesetzt, daß die Techniken sicher beherrscht werden. Ebenso wird angenommen, daß sie in dem für sie geeigneten und vorgesehenen Anwendungsbereich gefahren werden.

SICHERHEITSBEURTEILUNG nach den Kriterien **Spurgenauigkeit** **Reaktionsfähigkeit** **Störanfälligkeit**	**3**
VERTRÄGLICHKEITSPRÜFUNG nach den Kriterien **Ermüdung** **Verschleiß** **Verletzungsgefahr**	*1*
SCHWIERIGKEITSTESTAT nach den Kriterien **Lernaufwand** **Stabilität des Könnens** **Konditionsanspruch**	**2**

Benotung: sehr gut – mangelhaft; 1–5

Sicherheit
Die Spurgenauigkeit ist durch die verbesserte Kantenführung mit modernen Skischuhen gegeben. Die Reaktionsfähigkeit läßt sich nicht an der der Beinspieltechnik messen. Keine Störanfälligkeit.

Verträglichkeit
Es gibt keine technikbezogenen Bedenken.

Schwierigkeit
Der Lernaufwand ist sehr gering. Die Stabilität des Könnens ist auch über längere Unterbrechungen gesichert. Es gibt keine speziellen konditionellen Ansprüche.

Vor- und Nachteile der Rotation

Tourengeher und Tiefschneefahrer sind fast durchweg bei der Rotation geblieben. Sie schätzen die flachere Skiführung und die große Kraft der Körperdrehung bei schwierigeren Schneeverhältnissen.

Ein zweites Argument für die Rotation liefert die Erfahrung: Rotieren geht leicht. Jedermann kann Anweisungen zum Rotieren auf der Stelle umsetzen.

Drittens muß darauf hingewiesen werden, daß der häufigste und allgemeinste Fehler, der in der Beinspieltechnik gemacht wird, ausgerechnet das Rotieren ist. Das Rotieren bricht immer wieder durch. Ähnlich wie beim zweiten Gesichtspunkt setzen sich hier offenbar Bewegungsmuster der Alltagsmotorik durch, was aber wiederum heißt: Rotieren geht leicht!

Wenn man die Nachteile wertet, so bleibt eigentlich nur ein Einwand von größerer Tragweite: Schwingen mit Rotation heißt, die Eigenschaft der Selbstführung der Ski in der Kurve zu spät aufnehmen.

Schließlich ist noch ein Handicap zu erwähnen: Es ist kein Wedeln möglich. Zwar sprach man schon in den 30er Jahren vom Wedeln, zwar kann man auch mit Rotation ziemlich kurze Schwünge machen, aber mit der hohen Schwungfolge, dem rhythmischen Fluß und der Eleganz des Wedelns aus dem Beinspiel können diese Schwünge nicht konkurrieren.

Rotation mit Vorlage

Emotionale Dimension der Rotation

Da die Struktur der Rotationsbewegung einfach und klar ist, erschließen sich auch die Körpergefühle früh. Der ganze Körper dreht und drängt. Der Blick ist auf das Ziel gerichtet. Der Oberkörper eilt voraus. Der Schwung wird in der Körpermitte abgebremst und übertragen.

Kurvengefühle lassen sich nirgends besser auskosten als in der Rotationstechnik. Man legt sich nach innen und läßt sich genüßlich von den Kurvenkräften tragen. Kurven erlauben die Schräglage, aus der die Welt anders aussieht. Kurven lassen spüren, wie Kräfte anschwellen und wieder auslaufen.

Im Temposchwung erlebt man sich als Vorausstürmender, als Vorandrängender. Man drückt im Schwung, nicht mit der gesamten Fahrt, auf das Tempo. Beim Komfortschwung dagegen wird die abwartende Passivität als eigene bequeme Zurückhaltung registriert. Aber auch der Pendelschwung gewinnt ein eigenes Erlebnisprofil: Man fühlt, wie man von der Wucht der eigenen Bewegung in den Schwung hineingerissen wird und wie dieser Schwung sich über alle Hindernisse hinwegsetzt.

Ästhetische Dimension der Rotation

Die Rotation strahlte in den 30er Jahren alles das aus, was Skifahren ausmachte. Mit dieser Technik gelang es, mit dem Körperschwung und nicht nur mit zähen Kraftaktionen Kurven zu fahren. Der Körperschwung wurde zum Skischwung selbst. Mit dieser Fahrweise blieb man Sieger über jeden Schnee. Damit konnte man Tempo machen. Damit konnte man Rennen gewinnen. Sportlichkeit und Eleganz, höchstes Können und eindrucksvolle Show ließen sich inszenieren.

Heute brilliert der Rotationsschwung nur noch selten. Aber es ist schon eindrucksvoll, wenn im Tiefschnee sich die Wucht dieser Bewegung ihre Bahn bricht. Und auch der Temposchwung müßte mit seinem Bewegungsausdruck noch leicht ästhetische Standards heutigen Skifahrens erreichen: enge Skiführung, geschlossene Körperfigur und dynamisches Handeln.

Rotationsschwünge

Um die Bedeutung und den Gebrauchswert der Rotationstechnik her-
auszustellen, werden drei Beispiele gegeben. Diese Schwungformen bieten
sich für verschiedene Adressaten, verschiedene Ambitionen und verschiedene Anwendungsgebiete an. Wer
nach weiteren Schwüngen der Rotationstechnik sucht, muß zur Literatur
vor 1955 greifen.

1. Beispiel: der *Temposchwung* –
   ein attraktiver Pistenschwung

2. Beispiel: der *Komfortschwung* –
   ein Gesundheits- und ‹Faulenzer-
   schwung›

3. Beispiel: der *Pendelschwung* –
   ein Spezialschwung für den schwierigen Schnee

Temposchwung

Herkunft und Bedeutung

Der Weg vom Gerissenen Kristiania (gerissener Parallelschwung) der 20er Jahre zum Temposchwung der 30er Jahre ging über den Tiroler Toni Seelos. 10 Jahre lang (1928–1937) blieb Seelos mit diesem Schwung ungeschlagen. Damit war auch – wenigstens zunächst – die erbitterte Auseinandersetzung zwischen Stemmen oder paralleler Fahrt entschieden. Entthront wurde der Temposchwung erst durch das Gegenschulterschwingen der späten 40er Jahre und durch den Hochschwung der Beinspieltechnik. Wer ihn jedoch heute wieder einmal versucht, wird über seine Qualitäten erstaunt sein: eine leichte Bewegung, eine schneidige Fahrt und eine gute Form sind ihm immer noch eigen.

Lernen und Schwierigkeit

Die Neuentdeckung dieses Schwunges ist schnell gemacht. Nur die ungewohnte Vorlage muß geübt werden, am besten zunächst in Schuß- und Schrägfahrt. Den ersten Schwung, den Anfahrtsschwung, sollte man immer mit gutem Tempo angehen.

Dieser Schwung ist kraftvoll, elegant und sportlich. Deshalb sollten ihn gute Fahrer in ihrem Repertoire haben.

Gelegenheitsskifahrern gibt er die Chance, sich einen hochklassigen Schwung schnell und leicht anzueignen.

SICHERHEIT	**2**
VERTRÄGLICHKEIT	**2**
SCHWIERIGKEIT	**3**

Sicherheit und Verträglichkeit

Der Temposchwung als alter, klassischer Rennschwung will Zielgenauigkeit und Präzision. Sein Name sollte nicht dazu verführen, über die eigenen Verhältnisse zu fahren und das Tempo unangemessen hoch zu wählen.

Die allgemeine Verträglichkeit ist sicher gegeben, es sei denn, man wählt überzogene Vorlageformen, die die Achillessehne erheblich belasten.

Bewegungsgefühle

* Man spürt die Kurve wie beim Motorradfahren.
* Es ist wie Schußfahren um die Kurve.
* Man schwebt mit der Vorlage auf dem Tempo.
* Das Drängen nach vorne, die Drehung und das Tempo klingen zusammen zu einer Melodie.
* Ich dränge dem Ziel entgegen.
* Elegant – kraftvoll – dynamisch.

Temposchwung

Bewegungsbeschreibung
Nach Toni Seelos sind seine Voraussetzungen und Merkmale: «Tempo, Vorlage, flache Skiführung... und unausgesetzter Drang nach vorwärts.»

Der alte Temposchwung
- Aus der Schrägfahrt oder dem vorausgehenden Schwung heraus wird zur «Ausholbewegung», zu einem Zurücknehmen der Bergschulter angesetzt.
- Dabei geht man in die «Knievorlage».
- Nun wird von beiden Ski abgedrückt, hochgegangen, und beide Ski werden entlastet.
- Im Hochgehen setzt der Körperschwung in die neue Richtung an. Der Schwung überträgt sich von den Schultern auf Hüfte, Knie und Ski.
- Schließlich wird der Körperschwung in den Hüften abgebremst, um ihn voll auf die Ski zu bringen.
- Aus der Hochbewegung kehrt der Fahrer in die tiefere Vorlage zurück.

Der neue Temposchwung
Die moderne Pistenversion modifiziert folgende Elemente:
- Ausholbewegung und Körperdrehung verlaufen gemäßigt.
- Die Vertikalbewegung kann langsam verlaufen und muß keine Entlastung erzeugen.
- Der Ski kann mit Hüftcanting verstärkt aufgekantet werden.
- Ski und Beine können geschlossen geführt werden.
- Ein bißchen Vorlage gibt dem Schwung einen besonderen ‹Pfiff›.

Komfortschwung

Herkunft und Bedeutung

Unter diesem Namen wird hier ein Rotationsschwung angeboten, der aus drei Ansätzen hervorgeht. Die Franzosen lehrten in den 60er Jahren einen «christiania leger», also wie der Name sagt, einen saloppen und bequemen Schwung. Franz Hoppichler propagierte Mitte der 80er Jahre für den Urlauber in den Österreichischen Skischulen den «Komfortschwung», wenn auch auf der Grundlage der Beinspieltechnik. Der Deutsche Skilehrerverband schließlich präsentierte 1987 für sein Ski-K.U.R.-Programm einen Schonschwung, der dem «christiania leger» sehr ähnlich ist. Im folgenden wird die französische Technik unter Hoppichlers Bezeichnung mit deutscher Zielsetzung geboten.

Das heißt also: Der hier vorgestellte Schwung erhebt den Anspruch, daß er leicht und lässig zu fahren ist, daß er hinreichenden Urlaubsspaß garantiert und daß er dabei den Bewegungsapparat schont.

Lernen und Schwierigkeit

Der Lernprozeß besteht hier hauptsächlich in einem Wandel des Bewußtseins. Man muß erst einmal akzeptieren, daß «lockeres» Skifahren auch noch ein brauchbares und sicheres, sogar ein genußvolles Skifahren sein kann. Anfangs sollte man vor allem auf die offene Skistellung und auf ausreichendes Tempo achten. Dazu gehört zunächst ein konsequenter Verzicht auf das Arsenal von Schwunghilfen, wie z. B. Stockeinsatz, spezielles Beinedrehen, Schritt, Jet u. a.

Allein die Existenz dieses Komfortschwunges sollte den Anspruch und die Bedeutung aller anderen Schwünge begrenzen. Vielleicht dämpft es auch den falschen Ehrgeiz vieler Skifahrer, wenn sie sehen, mit wie wenig Aufwand man gut skifahren kann.

Sicherheit und Verträglichkeit

Der Komfortschwung verzichtet auf präzise Spurführung und muß deshalb im Spurentwurf entsprechend geplant werden, um Kollisionen und mißliche Fahrsituationen zu vermeiden.

Die Verträglichkeit dieses Schwunges ist geradezu eines seiner Markenzeichen. Er schont den Bewegungsapparat und geht ökonomisch mit der Kraft um, indem er vor allem die äußeren Kräfte nutzt.

SICHERHEIT	3
VERTRÄGLICHKEIT	1
SCHWIERIGKEIT	2

Komfortschwung

Bewegungsbeschreibung
- ● Die Ski werden nie geschlossen, sondern offen geführt.
- ● Arm und Körperaußenseite drehen nicht zu sparsam, aber auch nicht übertrieben vor.
- ● Die Blockade in den Hüften setzt früh, aber nicht ruckartig ein.
- ● Dem drehenden Ski wird ziemlich freier Lauf geboten, ohne daß besondere Kraft für das Halten aufzuwenden ist.
- ● Das Aufkanten folgt ohne spezielle Aktionen der Körperneigung in der Kurve.
- ● Alle Hoch-Tief-Bewegungen sind sanft und haben geringen Umfang.
- ● Durchweg werden eine bequeme, hohe Körperstellung und die Mittellage angestrebt.
- ● Das Fahrtempo und die Drehneigung der Ski werden in jedem Fall einkalkuliert.

Bewegungsgefühle
- ✳ Abwarten und Gewährenlassen ist klug und bequem.
- ✳ Fast alles geht wie von selbst.
- ✳ Meine Ski wissen schon, was sie tun.
- ✳ So kann man 1000 Schwünge fahren, ohne zu ermüden.
- ✳ Die Ski rutschen, aber die Richtung stimmt.
- ✳ Es geht leicht, ich lasse die Ski fahren.

Pendelschwung

Herkunft und Bedeutung

Der Name für diesen Rotationsschwung geht auf die ausladenden,
pendelnden Bewegungen beim Rotieren im Tiefschnee ein. Um die großen
Drehwiderstände zu überwinden, muß
weit ausgeholt, weit vorgedreht und
kraftvoll in der Hüfte blockiert werden. Diese Art des Rotierens darf nicht
mit der Schraubenrotation verwechselt
werden, bei der der Körper sich um die
eigene Achse hoch und tief schraubt.

Lernen und Schwierigkeit

Bewegungsgefühle wie «Über alle Widerstände hinwegziehen» oder «Alles
abräumen!» führen schnell zu den großen und wuchtigen Bewegungen, die
für schwierigere Schneearten notwendig sind.

Als ein Spiel mit übertriebenen Bewegungen macht der Pendelschwung sogar auf der Piste Spaß. Neben den
schwierigen Schneearten wie feuchter
Tiefschnee, tiefer Firn, Schnee mit ver-
krusteten Oberflächen eignet sich der
Pendelschwung auch für zerspurten
Schnee.

SICHERHEIT	3
VERTRÄGLICHKEIT	3
SCHWIERIGKEIT	3

Sicherheit und Verträglichkeit

Der Pendelschwung will gerade durch
besonderen Körpereinsatz und auf-
wendige Bewegungen in schwierigen
Schneeverhältnissen das Gelingen und
damit die Sicherheit gewährleisten.
Selbstverständlich stellen Tiefschnee
und schlechter Schnee ein stark erhöhtes Sicherheitsrisiko dar.
Trotz der ausladenden Bewegungen
treten keine ungünstigen Belastungen
auf.

Pendelschwung

Bewegungsbeschreibung

🔴 Aus der Mittel- oder sogar aus der Rücklage drehen Arm und Körper vorbereitend zurück.

🔴 Während sich Beine und Körper strecken, zieht der Arm in einem Bogen von hinten nach vorne.

🔴 Von der Mitte des Schwunges an wird die Bewegung abgebremst.

🔴 Das sollte mit dem Beugen der Beine und des Oberkörpers zusammenfallen.

🔴 Am Ende des Weges wird die Bewegung in der Hüfte voll blockiert, um eine Übertragung der Drehung auf die Ski zu erreichen.

Bewegungsgefühle

✻ Die Arme schwingen wie ein großes Pendel.

✻ Fahren, als wenn man alle Widerstände brechen wollte.

✻ Die Bewegung des Drehens durchläuft den ganzen Körper.

✻ Die Schwungbahn des Körpers wird zur Schwungspur der Ski.

✻ Die Ski über alles hinwegziehen.

Beinspieltechnik – eine klassische Schwungtechnik

Wissenswertes zur Beinspieltechnik

Ein historischer Sieg im vierten Anlauf

Mit dieser Technik verbindet sich der Name Stefan Kruckenhauser. Als Leiter des Bundessportheimes St. Christoph am Arlberg war er Jahrzehnte lang zuständig für die Ausbildung der österreichischen Berufsskilehrer, für den österreichischen Skilehrplan und – was in diesem Zusammenhang von besonderer Bedeutung ist – für die internationale Präsentation österreichischer Skitheorie. So stellte er auch auf dem 2. Interskikongreß 1953 und auf dem 3. Interskikongreß 1955 seine neue Beinspieltechnik vor. Dabei stieß er 1953 weitgehend mit der «artistischen» Wedeltechnik, wie man kritisch formulierte, auf breite Ablehnung, gewann aber im zweiten Anlauf 1955 fast die ganze Skiwelt für sich.

Vergessen wurde bei dieser ‹Geburt› einer neuen Skitechnik, daß sie so neu gar nicht war. Ein erster Vorläufer ist in der schraubenlosen und rotationsfreien Technik des Tirolers Toni Ducia zu sehen, die er 1934 in seinem französischen Skibuch als Trainer des Skiklubs von Paris vorstellte. Ducia bekam Ärger mit seiner Heimat. Er wurde auf den Arlberg zitiert und sollte vor dem Vertreter des Kultusministeriums der Verbreitung dieser Technik abschwören. Ähnlich erfolglos verlief kurz danach ein zweiter Anlauf, die Rotationstechnik auszuheben, dieses Mal in der Schweiz. Eugen Matthias und Giovanni Testa propagierten 1936 eine schraubenlose, eine natürliche Fahrweise.

Kruckenhauser gewann 1955 die Welt für sich, weil er das Wedeln in das Zentrum der neuen Skitechnik stellte. Damit waren gleich zwei neue Standards des schönen und guten Skilaufens festgeschrieben: das absolut parallele enge Skifahren und dessen Überhöhung im Rhythmus.

Vielleicht hätte die Beinspieltechnik an Bedeutung verloren, wenn nicht der deutsche Skiexperte und spätere Ausbildungsleiter im deutschen Skilehrwesen Erhard Gattermann 1961 neue Ansätze aus dem Rennlauf aufgegriffen und später auch (1967) in den deutschen Lehrplan eingebracht hätte, nämlich das *Umsteigen*. Fortan sprach man von der beidbeinigen, parallelen und von der einbeinigen, umsteigenden Beinspieltechnik.

Die Umsteigetechnik hatte außer dem Rennlauf ein besonderes Argument für sich: Umsteigen ist Alltagsmotorik. Allerdings, so muß man heute im Rückblick feststellen, wurde das Gehen und Schreiten nur auf die Beine bezogen, ausgeklammert blieben Körperstellungen und Armführung.

Gegendrehen Beine – Rumpf

Typische Merkmale des Beinspiels

Diese Technik ist ganz auf die Drehmöglichkeiten der Beine gerichtet. Viele ihrer Grundbegriffe zeugen davon: Fersenschub. Fersendrehschub, Fersentritt, Kniekurbel und Beinedrehen, Beugedrehen und Streckdrehen. Wenn es um das Drehen geht, sind auch immer viele Hilfen gefragt, wie das Entlasten, das Belasten, der Stockeinsatz, die Hochbewegung usw. Dennoch ist der eigentliche Mechanismus einfach:

Die Beine drehen die Ski.

Der Rumpf dreht dagegen.

Diese Mechanik von Drehen und Gegendrehen ist allen Modifikationen und Variationen dieser Technik eigen. Damit grenzt sie sich auch klar von allen anderen großen Drehmechanismen wie beispielsweise der Rotation ab.

‹Bausteine› und Schwungformen des Beinspiels

Die Bewegungsspielräume, die sich aus dem Mechanismus «Drehen und Gegendrehen» eröffnen, kann man aus der Vielzahl der Schwungformen und aus den weiteren Bausteinen dieser Technik ersehen.

Beinedrehen

Mit diesem Begriff werden verschiedene Aktionen abgedeckt. Ursprünglich sprach man vom Fersentritt und vom Fersendrehschub. Später unterschied man mehr ein Drehen des Unterschenkels mit besonderer Akzentuierung der Fuß- und Kniearbeit und ein Drehen des ganzen Beines aus der Hüfte heraus.

Kniekurbel

Vor allem beim Drehen der Unterschenkel müssen die Knie vorwärtseinwärts gekurbelt werden. Damit wird zugleich die Drehung ermöglicht und der Ski mehr und mehr auf die Kante gebracht.

Vor-Seitbeugen und Hüftknick

Der Kniearbeit entspricht das entgegengesetzte Abbeugen des Rumpfes als Hüftknick (seitliche Beugung bei verhältnismäßig aufrechtem Oberkörper) oder als Vor-Seitbeugen (gleichzeitige Beugung nach vorne und zur Seite).

Hochbewegung

Die Ski können leicht gedreht werden, wenn sie nach einer Streckbewegung entlastet sind. Doch auch bei einem verzögerten Hochgehen erweist sich die Vertikalbewegung als hilfreich für den Ski- und Kantenwechsel sowie für das Gegendrehen.

Tiefgehen

Auch ein rasches Tiefgehen läßt die Ski leichter drehen und unterstützt den Seitenwechsel von Ski und Körper. Ein verlangsamtes Tiefgehen versucht dagegen die Skidrehung durch den Belastungsdruck zu unterstützen.

Belastungsdrehen

Das Belastungsdrehen entspricht einem verlangsamten, den Ski in die neue Richtung drückenden Tiefgehen.

Beugedrehen und Streckdrehen

Seit 1971 favorisierte man in Österreich ein Beinspiel, durch das die Ski auslösend im Beugen und steuernd im folgenden Strecken gedreht werden.

Beispiel einbeinig und beidbeinig

Das Beinspiel kann mit beiden Beinen gleichzeitig oder auch in einer Abfolge ausgeführt werden.

Beidbeiniges oder paralleles Fahren heißt im Verständnis der letzten Jahrzehnte: Die beiden Beine stoßen gleichzeitig ab, strecken und beugen sich gleichzeitig, drehen sich gleichzeitig, stellen die Ski gleichzeitig flach und kanten sie auch wieder gleichzeitig auf. Ob dabei die Ski und Beine geschlossen oder offen geführt werden, spielt keine Rolle.

Einbeiniges oder umsteigendes Schwingen dagegen heißt: Alle Aktionen erfolgen nacheinander, entsprechend der Abfolge eines Schrittes.

Drehabstoß

Wird die Drehung mit einem energischen Kantenabstoß, der eine kurze Körperdrehung in die neue Richtung einschließt, begonnen, so spricht man vom Drehabstoß.

Dieses Andrehen des Schwunges darf nicht mit der Rotation verwechselt werden, bei der die Drehung des Körpers zunächst «leer», ohne Mitnahme der Ski verläuft und erst die Blockierung der Körperdrehung zu einer Skidrehung führt.

Antizipation

Wird der Körper voraus in die neue Richtung gedreht, eine Spannung zwischen Beinen und Rumpf aufgebaut und erst aus dieser Spannung heraus der Schwung durch Beinedrehen ausgelöst, so bedient man sich einer italienischen Variante des Beinspiels. Bei dieser Fahrtechnik erfolgt der Schwungansatz sehr weich, obwohl die neue Kante früh und entschieden eingesetzt wird.

Hoch- und Tiefjet

Ein Vorschnellen von Ski und Beinen zu Beginn des Schwunges löst schnell und energisch die Kante, gibt den Ski vorn frei und verlagert den Drehpunkt nahe zum Skiende. Diese Fahrweise in Verbindung mit der Beinspieltechnik eignet sich besonders für schweren Schnee.

Ausgleichstechnik

Das Fahren in der Buckelpiste, bei dem die Beine auf den Buckeln vor dem Körper hochfedern und so Berg und Tal etwas ausgleichen, läßt sich besser als mit anderen Techniken mit dem Beinspiel bewältigen. Antizipation und Beugedrehen-Streckdrehen sind für diese Situation weitere angemessene technische Variationen.

Antizipation

Verbindung von Beinspiel mit anderen Mechanismen

Der große Mechanismus Beinspiel verband sich im Laufe der Jahrzehnte mit vielen anderen, kleineren Mechanismen und erlaubte damit immer neue Schwungformen.

Dabei ist es offen, ob z. B. bei der Antizipation, die von der Körpermitte ausgeht, nicht das Beinspiel so stark überlagert wird, daß man von einer völlig neuen Technik sprechen sollte. «Politisch» erwies sich aber die Technik Kruckenhausers in jedem Fall als so stark, daß damit die Bedeutung anderer Mechanismen der Skidrehung und Skisteuerung als untergeordnet angesehen wurde.

Beinspieltechnik – klassisch im mehrfachen Wortsinn

In mehr als drei Jahrzehnten ist die Beinspieltechnik die alles beherrschende Technik geblieben. Lediglich die Rotation fristete eine lokal beheimatete Existenz wie in Frankreich oder spielte eine Nebenrolle wie im deutschen Skilehrplan. Das Beinspiel ist zu einer großen, einer *klassischen* Technik geworden.

Für die Bezeichnung «klassisch» sprechen auch die neuen Dimensionen, die sie eröffnet hat, die auch nicht unerwähnt bleiben dürfen und die schließlich am Beispiel von drei Schwüngen noch einmal verdeutlicht werden.

Weiter muß der Beinspieltechnik die Eigenschaft «klassisch» auch in einem einschränkenden Sinne verliehen werden. Was ursprünglich als «artistisch» am Beinspiel kritisiert wurde, hat sich im Laufe der Jahrzehnte auch tatsächlich als ein problematisches Erbe her-

ausgestellt. Schließlich gehört es zum Gang der Geschichte, daß wichtige und große Dinge «klassisch» werden, wenn Neues und Vitaleres sie bedrängt oder gar verdrängt, so wie es hier die Existenz der Blocktechnik und vor allem der Diagonaltechnik nahelegt.

Moderne Versionen der Beinspieltechnik

Einzelne Bewegungsmerkmale der Beinspieltechnik können verschieden ausgeprägt werden, oder es können auch neue Momente hinzukommen. Entscheidend dafür, ob es noch Beinspiel ist, bleibt der Grundmechanismus Beinedrehen – Rumpfgegendrehen.

Reduziertes Beinedrehen

Man kann auf das untere Beinspiel weitgehend verzichten und das Bein vor allem aus der Hüfte heraus drehen. In diesem Falle fällt das Andrehen im Schwung etwas schwerer, in der Steuerphase aber wird der Ski leichter vor einem Überdrehen bewahrt.

Vorbelasten des neuen Außenski

Wenn man gegen Ende des Schwunges verfrüht auf den kommenden Außenski umsteigt und so einen vorgezogenen Belastungswechsel vornimmt, gelingt es auch, einen früheren Kantenwechsel zu erzwingen. Das ist aber nur möglich, wenn die Schwünge einerseits nicht zu langsam gefahren werden, andererseits aber auch keine hohen Abfangkräfte auftreten.

Beinedrehen mit Kreuzkoordination der Arme

Diese Version war vor allem im sportlichen Skilauf in der Zeit des Übergangs

**Beinedrehen
mit Kreuzkoordination**

z. B. durch den Wiener Sportmediziner Ludwig Prokop. Heute muß sich jede Skitechnik einer Verträglichkeitsprüfung stellen. In diesem Rahmen lauten die Bedenken gegen die Beinspieltechnik wie folgt:

○ Die Knie werden zu sehr drehend belastet. Im Prinzip können die Knie zwar so agieren, aber unter hohen Druckbelastungen kann es zu Schäden kommen.

○ Die Knie werden zu sehr einer seitlichen Knickbelastung ausgesetzt. Schon im Normalfall bewegt sich der Fahrer so, als ob er den Gelenkspalt seitlich öffnen wollte.

Klassische Torsion

von der Beinspieltechnik zur Diagonaltechnik zu beobachten. Sie erleichtert das Balancieren und die Druckausübung sehr. Allerdings geht dadurch einiges von den gestalterischen Momenten des Beinspiels verloren. Sollte man sich deshalb für diese Lösung entscheiden, so sollte man auch gleich einen Wechsel zur Diagonaltechnik in Betracht ziehen.

Vor- und Nachteile des Beinspiels

Beinspiel – ein problematisches Erbe
Schon in den 60er Jahren wurden die ersten gesundheitlichen Bedenken gegen die Beinspieltechnik vorgebracht,

○ Die Lendenwirbelsäule wird im stark verdrehten Zustand belastet. Diese Belastungsform ist weder in der Alltagsmotorik noch in der Sportmotorik außerhalb des Skifahrens zu finden.

○ Die Lendenwirbelsäule wird im abgeknickten Zustand belastet. Vor-Seitbeugen statt Hüftknick mildert zwar die Problematik, schafft sie aber nicht aus der Welt.

Diese Belastungen werden immer dann problematisch, wenn sie mit einer untypischen Spitzenbeanspruchung oder mit einem mißglückten Fahrversuch zusammenfallen, was ja oft genug der Fall ist.

Auf die Dauer jedoch sind auch Verschleißerscheinungen zu befürchten. Vor allem Skifahrer mit Vorschäden, Skifahrer mit konstitutionellen und konditionellen Mängeln und die Vielskifahrer können mit vorzeitigen Ausfällen konfrontiert werden.

Schließlich ist die Technik des Beinspiels nicht ganz leicht zu erlernen. Der Wiedereinstieg in die neue Saison, vor allem auch das Fahren in unruhigem Gelände oder schwierigerem Schnee brauchen jedesmal Gewöhnung und Sensibilisierung. Fahrer mit Rotations- oder Diagonaltechnik haben es da leichter.

Beinspiel – ein unverzichtbares Erbe
Keine Technik in der bisherigen Entwicklung war so gut auf das Drehen der Ski und auf ein Spiel mit den Kanten abgestimmt. Das Beinspiel erschloß Möglichkeiten, die es vorher nicht gab, und die, soweit bisher ersichtlich, auch durch keine neue Technik abgedeckt werden können.

● *Schwingen in langsamster Fahrt*
Das Beinspiel erlaubt dies. Damit wird das langsame Fahren zur Herausforderung des sehr guten Fahrers.

● *Schwingen im Rhythmus*
Ohne die hervorragende Eignung für fließende wie für harte Schwungverschmelzungen und ohne das rhythmische Schwingen in einer äußerst kurzen Folge hätte das Beinspiel nicht seine große historische Bedeutung gewinnen können.

● *Schwingen als Expression*
Die Beinspieltechnik führt zu Aktionen und Körperpositionen, die für den Fahrer wie den Zuschauer das Bild und das Gefühl für außerordentlichen Bewegungsausdruck bergen.

● *Schwingen und Fahrcharakter*
Vor allem die Entwicklung vieler Schwungformen erlaubte ein Fahren mit dieser Grundtechnik, das sehr sanft, aber auch sehr aggressiv sein konnte.

● *Schwingen als Herausforderung*
Es hängt sicher mit dem Wesen dieser Technik zusammen, daß man sich immer wieder und immer neu herausgefordert fühlt, sie noch besser zu erlernen und mit ihr noch perfekter Ski zu fahren.

Sicherheit, Verträglichkeit, Schwierigkeit

Für die Beurteilung dieser Sachverhalte wird angenommen, daß die Techniken sicher beherrscht werden und daß ihr Anwendungsgebiet nicht verlassen wird.

SICHERHEITSBEURTEILUNG nach den Kriterien **Spurgenauigkeit** **Reaktionsfähigkeit** **Störanfälligkeit**	**2**
VERTRÄGLICHKEITSPRÜFUNG nach den Kriterien **Ermüdung** **Verschleiß** **Verletzungsgefahr**	**4**
SCHWIERIGKEITSTESTAT nach den Kriterien **Lernaufwand** **Stabilität des Könnens** **Konditionsanspruch**	**5**

Benotung: sehr gut – mangelhaft; 1–5

Sicherheit

Solange das Tempo nicht zu hoch wird, ist beste Spurgenauigkeit und eine enorme Reaktionsfähigkeit gesichert. Die Störanfälligkeit wegen der «technischen» Schwierigkeit ist bekannt.

Verträglichkeit

Wie in keiner anderen Technik sind auf die Dauer Schäden in den Kniegelenken und in der Lendenwirbelsäule zu erwarten.

Schwierigkeit

Vor allem ein hoher Lernaufwand, lange Anlaufzeiten in der neuen Saison und allgemeine geringe Stabilität des Könnens machen sie in diesem Punkt zur anspruchsvollsten Technik überhaupt.

Wie immer hängt die Beurteilung und letztlich ein Eintreten von Effekten auch von der konkreten Ausprägung der Merkmale und den wirklich auftretenden Kräften ab. Was letztere betrifft, so wurde ein mittleres bis hohes Maß angenommen.

Für die Ausprägung der Merkmale gibt es in der Beinspieltechnik den Sonderfall, daß sich im Wedeln und im Kurzschwingen viele gleiche Bewegungsmerkmale sehr verschieden stark zeigen, wie z. B. das Ausmaß des Aufkantens, des Hüftknicks und des Gegendrehens. Deshalb wird für die Verträglichkeitsprüfung im Falle des Kurzschwingens mit seinen extremen Körperbelastungen eine sehr schlechte Note, für das Wedeln eine befriedigende und für die Beinspieltechnik insgesamt eine ausreichende Note gegeben.

Nicht verschwiegen werden sollte im Falle des Wedelns, daß es auch Auffassungen gibt, die für das sanfte Wedeln sogar positive Wirkungen annehmen. Danach werden beim Wedeln die Bandscheiben ‹gewalkt›, was zu ihrer Erhaltung und Regeneration beitragen kann.

Emotionale Dimension des Beinspiels

Die Beinspieltechnik erschließt einen ungemein großen Bewegungsreichtum und fordert dazu heraus, immer Neues zu versuchen und immer besser und perfekter zu werden. Man probiert, erforscht, verbessert, steigert und verfeinert. Die Beinspieltechnik verfügt über einen Stachel, der dauernd antreibt. So wird man ständig beglückt, erlebt aber auch immer wieder Enttäuschungen. Man kann sich an diesen Bewegungen berauschen, und man kann angesichts der Vielzahl der Möglichkeiten in Selbstzweifel stürzen. Das ist das faszinierende Doppelgesicht der Beinspieltechnik.

Wer Wedeln lernt, wer einen Geflogenen Hochschwung fährt, wer die Ski zwischen die Buckel hinunterstampft, wird in allen Sinnen angeregt und gestalterisch gefordert. Plötzlich wird die Fußsohle wirklich zu einem sensiblen Organ. Über kurz oder lang verfeinert man sein eigenes Körperbild und macht mit Bedacht oder Vehemenz Bewegungen wie ein geschulter Mime. Steht man in ständiger Kommunikation mit den Bewegungen anderer, dann neigt man zum Ritual, zur ritualisierten Bewegung. So bekommt die Bewegung Tiefe und Bedeutung, die weit über die Gesichtspunkte von Können und Leistung hinausgehen.

Ästhetische Dimension des Beinspiels

Als «Artistik» wollte man anfangs die Beinspieltechnik abtun und vor allem ihre Brauchbarkeit damit in Zweifel ziehen. Es ist ihr aber auch wirklich immer ein Hauch von artistischem Können geblieben. Denn wer von den guten Fahrern würde die Knie nicht noch etwas mehr hineindrücken als eigentlich notwendig ist? Wer legt sich nicht gerne extrem nach außen und verwindet Rumpf gegen Beine, als wäre er ein Schlangenmensch? Die innere Anlage zur exzessiven Darstellung ist dieser Technik immer eigen gewesen, gleich, ob man sie spielerisch handhabe und zeigen wollte, wie man mit Bewegung, Ski und Gerät spielen konnte; gleich, ob man im harten Stakkato mit Kurzschwüngen den Steilhang attackierte; gleich, ob man im Flaum des Neuschnees über den Hang huschte. Wer mehr als zweimal in der Sekunde wedeln kann, muß vielen Menschen als eine Art Zauberer vorkommen, als ein Zauberer, der aus dem Nichts und im Nu schöne Bewegungen macht. Legt man dazu die schöne Bewegung als Spur in den Schnee, dann trifft zu, was ein einfühlsamer Skifahrer einmal sagte: «Jeder malt sich selbst in den Schnee.» Das gilt vor allem dann, wenn man mit Beinspieltechnik fährt.

Beinspielschwünge

Die Beinspieltechnik ist seit mehr als 30 Jahren gut dokumentiert. Unterschiedliche Auffassungen sind den deutschen, schweizerischen und österreichischen Lehrplänen zu entnehmen. Dabei ist die Vielzahl der Schwungmöglichkeiten vor allem im deutschen Lehrplan gut zu verfolgen. Wer eine griffige Schwungsystematik sucht, findet sie im österreichischen Lehrplan. «Ski Schweiz» dagegen berücksichtigt am besten die Ansätze aus dem Rennlauf. Das umfangreiche Material gebietet hier eine Konzentration auf drei charakteristische Schwünge.

Die Beinspieltechnik besteht aus den beiden großen Gruppen Parallelschwingen und Umsteigeschwingen. Die folgenden Beispiele stammen aus dem Bereich des Parallelschwingens. Auf eine Präsentation des Umsteigeschwingens wird völlig verzichtet. Ein Grund dafür ist die allgemein gut zugängliche Dokumentation. Ein zweiter ist darin zu sehen, daß die Diagonaltechnik die alte Umsteigetechnik überzeugend ablöst. Die Diagonaltechnik geht leichter, baut besser auf den Eigenschaften der Ski auf und ist effektiver. So bleiben für eine Pflege der Umsteigetechnik nur historische Gründe oder spielerische Experimentierlust. Die parallelen Schwünge der Beinspieltechnik haben dagegen kein modernes Gegenstück. Sie können höchstens etwas modernisiert werden.

Im folgenden werden also drei parallele Schwünge der Beinspieltechnik vorgestellt:

Beispiel 1:
der *Hochschwung* – der beste Allrounder der Skigeschichte

Beispiel 2:
das *Wedeln* – noch immer eine faszinierende Kunst

Beispiel 3:
der *Ausgleichsschwung* –
ein Spezialschwung für die Buckelpiste

Hochschwung

Herkunft und Bedeutung

Seit den 20er Jahren träumten die Skifahrer davon, mit parallelen oder gar mit geschlossenen Ski schwingen zu können. Als das Ideal in den 30er Jahren erreicht schien, sprach man vom «Reinen Schwung». Die Beinspieltechnik aber führte das parallele Fahren mit dem Hochschwung und dem Wedeln einem neuen Höhepunkt zu. Noch heute kann dieser vielseitige, variantenreiche und ausdrucksstarke Hochschwung als einer der schönsten Schwünge überhaupt angesehen werden.

Lernen und Schwierigkeit

Der Mechanismus «Beinedrehen und Gegendrehen des Rumpfes» wird leicht durchschaut, wenn dabei die Tief-Hoch-Tief-Bewegung kräftig und nicht zu langsam erfolgt. Aber auch ohne Entlastungseffekt gelingt es, auf der Piste moderne Ski leicht zu drehen. Schwierigkeiten bereitet oft die Unterdrückung der Körperrotation.

Aus dem Hochschwung lassen sich viele andere Schwungformen entwikkeln. Am einfachsten ändert man dazu das Zeitmaß der Bewegungen oder die Tief-Hoch-Tief-Bewegung. Als bekannteste und schönste Ableger gelten das folgende Wedeln und der «Geflogene Hochschwung», bei dem der Abdruck in einen Sprung übergeht.

SICHERHEIT	**1**
VERTRÄGLICHKEIT	**3-4**
SCHWIERIGKEIT	**4**

Sicherheit und Verträglichkeit

Der Hochschwung verfügt über so viele Bewegungselemente, die genau auf die Erfordernisse abgestimmt werden können, daß er zu den sichersten Schwungtechniken überhaupt gezählt werden muß.

Eine Beurteilung der Verträglichkeit dieses Schwunges hängt ganz vom Ausmaß des Kniekurbelns, Hüftknicks (Vor-Seitbeugen) und Rumpfgegendrehens ab. Die schulmäßige Ausführung ist als stark belastend einzustufen. Die gesundheitlichen Bedenken gegen die Kniekurbel und gegen das Verdrehen und seitliche Abbiegen der Lendenwirbelsäule verlieren an Gewicht, wenn man wie in der Diagonaltechnik mit dem Hüftcanting arbeitet (S. 129).

Hochschwung

Bewegungsbeschreibung

- Beide Beine, ob geschlossen oder offen geführt, drücken gleichzeitig vom Boden ab und beginnen die Ski zu drehen.
- Der Stock, seitlich vor den Füßen eingesetzt, unterstützt Abdruck und die folgende Körperstreckung.
- Während sich der Körper streckt, wechseln langsam Skiführung und Skikanten.
- Im gleichen Maße, wie sich die Beine in den Schwung hineindrehen, dreht sich gegen diese der Rumpf.
- Schon während der Streckung kommt der Körper über die Ski, um mehr und mehr die erforderliche Kurvenlage einzunehmen.
- Vor allem im Tiefgehen «kurbeln» die Knie nach innen, um Kurvenlage und Aufkanten zu steuern.
- Um die starke Kurvenlage der Beine und das Aufkanten auszugleichen, beugt sich der Oberkörper vorwärts-seitwärts.
- Im Tiefgehen wird zunehmend der äußere Ski belastet und dabei der Kantengriff verstärkt.

Bewegungsgefühle

- Im beidbeinigen Abdruck spüre ich genau, wie sich mein Bodenkontakt löst und wieder verstärkt.
- Ich löse mich vom Hang, schwebe einen Augenblick lang und komme dann wieder zurück.
- Das Kurvengefühl steigt langsam an und klingt wieder aus.
- Von Anfang bis Ende spüre ich in diesem Schwung die Harmonie einer großen Bewegung.

Wedeln

Herkunft und Bedeutung

Wie nie zuvor konnten die guten Skifahrer mit dem Beinspiel kurze,
schnelle Schwünge hintereinander
machen. Das verhalf dem Beinspiel
zum Sieg über die alte, klassische
Rotationstechnik. Macht man die
Schwünge hart, von Kante zu Kante,
so erreicht man eine gute Kontrolle
über das Tempo (Kurzschwingen),
führt man die Ski mehr flach und zieht
sie in eine Schlangenspur, so gleitet
man gut (Wedeln).

Lernen und Schwierigkeit

Da schon kleine Fehler den Bewegungsablauf stören, ist es wichtig,
einen Hang mit gleichmäßig verlaufen-
der Neigung zu wählen. Auch der
Schnee darf keine besonderen Ansprüche stellen.

Guten Erfolg verspricht eine lange
Torfolge in der Fallinie (Trainingsvertikale), bei der die Abstände immer
mehr verkürzt werden.

Ein anderer Weg führt über das
Sprungwedeln, bei dem Abdruck und
Streckung in ein rhythmisches Hin-
undherspringen übergehen.

Jeder, der viel Ski fährt, sollte auch das
Wedeln versuchen. Wer aber nur wenige Tage im Jahr auf Ski steht, sollte
sich auf andere Ziele konzentrieren.
Wedeln und Kurzschwingen sind sehr
schwierig.

Das Bremswedeln auf dem Steilhang
und das Sprungwedeln beanspruchen
die Wirbelsäule in höchstem Maße.

WEDELN	
SICHERHEIT	1
VERTRÄGLICHKEIT	3
SCHWIERIGKEIT	5

KURZSCHWINGEN	
SICHERHEIT	1
VERTRÄGLICHKEIT	5
SCHWIERIGKEIT	5

Sicherheit und Verträglichkeit

Wedeln und Kurzschwung erlauben
eine präzise und äußerst schnelle Plazierung der Spur. Wer sogar problem-
los einen Rhythmuswechsel und das
Schräghangwedeln beherrscht, kann
sich selbst in engsten und schwierigsten
Fahrsituationen behaupten. Vom Ver-
träglichkeitsstandpunkt muß den beiden Fahrweisen eine unterschiedliche
Beurteilung zukommen. Während das
Wedeln zu tolerieren ist und in seiner
leichten und sanften Form sogar positive Effekte haben kann, muß das
Kurzschwingen als unverträglich bezeichnet werden. Es ist auf Verschleiß
der Kniegelenke und der Lendenwirbelsäule geradezu ausgelegt.

Bewegungsbeschreibung

Das Wedeln ist nichts anderes als die Abfolge zeitlich komprimierter Hochschwünge, die rhythmisch ineinander übergehen.

● Der Abdruck soll so stark sein, daß er für eine gute Körperstreckung ausreicht.
● Der Stock unterstützt Abdruck und Streckung.
● Das Beinedrehen im Hoch- wie im Tiefgehen ist energisch und darauf abgestimmt, wie weit die Ski von der Fallinie abweichen sollen.
● Wegen der schnellen Schwungfolge machen Schultern und Arme das Gegendrehen der Hüften kaum mit.
● Aufkanten, Abdruck, Stockeinsatz sowie Beuge- und Streckbewegung rhythmisieren die Bewegung.

Bewegungsgefühle

❋ Die Bewegung fließt rasch hin und her.
❋ Ein leichtfüßiges Spiel.
❋ Die Beine tanzen unter mir hin und her.
❋ Tanzen – wirbeln – schwingen.
❋ Alles ist nur noch Rhythmus.
❋ Ich verliere mich in der Bewegung.
❋ Ich hinterlasse eine Schlangenspur.

Ausgleichschwung

Herkunft und Bedeutung

Die Buckelpiste erfordert eine eigene Technik. Ähnlich wie im Tiefschnee steigen und sinken dabei die Ski, der Rumpf bleibt ruhig. Ausgeglichen wird nach Möglichkeit der Niveauunterschied von Berg und Tal, von Buckel und Mulde. Alle Ausgleichschwünge sind kurz und verlaufen ähnlich gerafft wie Wedeln und Kurzschwingen.

Lernen und Schwierigkeit

Zum Buckelpistenfahren braucht man viel Kraft, weshalb man sich erst nur wenige Buckel am Rande oder am Ende der Piste vornehmen sollte. Da das Drehen der Ski völlig unproblematisch ist, kann man die ersten Fahrten auch sehr langsam machen oder die ersten Versuche aus der Hocke auf dem Buckel starten.

Ähnlich wie das Wedeln und das Tiefschneefahren kann die Buckelpiste ‹süchtig› machen. Dem Könner verlangt es nach immer mehr Buckeln, nach immer ausgeprägteren Buckeln und nach immer schärferer Fahrt in den Buckeln.

SICHERHEIT	**2**
VERTRÄGLICHKEIT	**5**
SCHWIERIGKEIT	**5**

Sicherheit und Verträglichkeit

Als beste und angemessenste Technik in der Buckelpiste kommt dem Ausgleichschwung große Bedeutung zu. Damit wird man «am sichersten» mit den Buckeln und Wellen fertig.

Die Note «völlig ungenügend» und «äußerst problematisch» dagegen muß dem Ausgleichschwung im Rahmen einer Verträglichkeitsprüfung gegeben werden.

Die Krafteinwirkungen auf das Kniegelenk erreichen Werte, die zu unmittelbaren Schädigungen führen können, in jedem Falle aber degenerative Veränderungen in höchstem Maße begünstigen. Auch die Kraftbeanspruchung ist so ungünstig, daß selbst spezielle konditionelle Vorbereitungen den Ansprüchen bei harter Piste oder gesteigertem Tempo nicht gewachsen sind.

Ausgleichschwung

Bewegungsbeschreibung

- Beim Anfahren des Buckels läßt man sich die Beine unter oder meist vor dem Körper zusammenstauchen.
- Spätestens im Moment der größten Beugung setzt der Stock ein und stützt den Körper während der Drehung und des Wechsels der Kurvenlage ab.
- Der auf der Flanke oder dem Scheitel aufgefahrene Ski liegt nur zum Teil flach auf dem Schnee. So ist er sehr leicht drehbar.
- Im ausgleichenden Strecken werden vor allem die Skienden drehend in die Mulde hinuntergeschoben.

Bewegungsgefühle

- ✳ Die Ski steigen und sinken.
- ✳ Die Beine arbeiten wie Stoßdämpfer.
- ✳ Ich lasse mich zusammenstauchen.
- ✳ Es geht Schlag auf Schlag.
- ✳ Hochgeschleudert werden und hinuntertauchen.
- ✳ Ich kämpfe mich durch.
- ✳ Ich schlucke die Wellen.

Blocktechnik –
eine moderne Schwungtechnik

Wissenswertes zur Blocktechnik

Eine Erfindung der «Kleinen Leute»

Welche Skitechnik fahren die vielen Leute, die ganz offensichtlich keine Beinspieltechnik beherrschen, aber auch von der klassischen Rotation und der neueren Diagonaltechnik niemals etwas gehört haben? Sie fahren um die Kurven ohne auffällige technische Merkmale. Viele von ihnen können sehr standsicher fahren und die Abfahrten genauso schnell und häufig bewältigen wie manche recht gute und recht geformt aussehende Skifahrer.

Die verbreiteten Erklärungen hierfür sind, daß diese Skifahrer fehlerhaft und unausgeprägt bekannte Skitechniken benutzen oder eben gar, daß sie überhaupt mehr schlecht als recht skifahren könnten. Eine solche Betrachtungsweise aber geht an der Wirklichkeit vorbei oder will sie nicht wahrhaben.

Eine unvoreingenommene Beobachtung zeigt, daß diese Skifahrer auf alle bisher bekannten Techniken verzichten. Sie zeigen weder Merkmale der Rotation, noch des Beinspiels, noch der Diagonaltechnik. Dennoch fahren sie um die Kurven! Es scheint, daß hier eine Erfindung der kleinen Leute vorliegt. Kein Skipionier, kein Lehrplanexperte und kein Rennfahrer hat diese neue Technik propagiert. Endlich hat im Skifahren auch einmal eine Revolution von unten stattgefunden.

Viel Taktik und wenig Technik
Die Beobachtung dieser Skifahrer zeigt, daß sie sich regelmäßig einiger Taktiken bedienen:

- *Taktik 1: Immer flüssig fahren!* Damit reduzieren sich natürlich alle Schwungprobleme.
- *Taktik 2: Immer offen fahren!* Auch durch die offene Skiführung wird der Aufwand für eine Schwungauslösung vermindert und werden alle Störfaktoren des Gleichgewichthaltens und die Störung des Hängenbleibens klein gehalten.
- *Taktik 3: Immer auf der Piste fahren!* Diese Skifahrer meiden pro-

blematische Schneearten und auch anspruchsvolle Geländegliederungen.

- *Taktik 4: Sich weitgehend den äußeren Kräften überlassen!* Es ist ihnen zwar wahrscheinlich nicht bewußt, daß alle Ski – hindert man sie nicht daran – bergab laufen wollen, und daß es viele Kräfte gibt, die das System Ski–Mensch in Drehung versetzen wollen. Sie überlassen sich weitgehend diesen äußeren Kräften.
- *Taktik 5: Immer driftend schwingen!* Wenn jegliche Ambition auf ein schneidendes Fahren fehlt, entfallen viele Ansprüche an Kondition und Technik.

Dieses leicht zu erkennende taktische Verhalten ist eine günstige Voraussetzung für ein problemloses Drehen und Schwingen. Dennoch muß eine weitere spezielle Voraussetzung vorliegen, damit diese Fahrweise so funktionieren kann, wie sie es offensichtlich tut: Die modernen Ski. Die Beinspieltechnik wurde für Ski erfunden, die lang und sperrig waren, und die für jede Drehung ‹überlistet› werden mußten. Heutige Ski sind dagegen so drehfreudig, daß sie schon mit geringstem Aufwand zum Drehen gebracht werden können. Schon das allererste Gleiten und Rutschen zwingt den Skifahrer zu einer erhöhten Spannung der gesamten Muskulatur, die das System Ski–Beine–Körper–Arme zusammenhält. Jede Erhöhung des Fahrtempos und jede Reibungsverminderung fordern weiter zu einem guten *inneren Kraftschluß* heraus. Das aber ist genau eine Voraussetzung für diese «Spartechnik» des Schwingens.

Typische Merkmale der Blocktechnik

Drehen en bloc

Wenn man die Rotationstechnik als eine Technik versteht, bei der der Körper voraus- und die Ski hinterherdrehen, wenn man die Beinspieltechnik als eine Technik versteht, bei der gleichzeitig die Beine gegen den Rumpf drehen, dann kann man diese neue «Einfachtechnik» in die Formel fassen:

● Alles dreht auf einmal in die neue Richtung.

Dieses Drehen als Block oder im Block stellt eine neue Drehtechnik im alpinen Skilauf dar. Sie steht als «Blocktechnik» auf gleicher Ebene wie Rotations-, Beinspiel- und Diagonaltechnik. Sicher gibt es auch noch eine Reihe anderer, speziellerer Drehmechanismen. Sie sind aber nicht so übergreifend wie die genannten und erreichen keine vergleichbar große Adressatengruppe.

Die kleinen Hilfen

Wahrscheinlich bedienen sich manche Blockfahrer zusätzlicher Drehhilfen, wie eines leichten Drehabstoßes oder des Stockeinsatzes. Wahrscheinlich gehört es auch bereits zu ihrer taktischen Erfahrung, die kleinen Bodenunebenheiten, die immer zu vertikalen Entlastungsstößen führen, einzukalkulieren und dann eben auf eine dieser Drehhilfen «aufzuspringen» und sie zum Schwungansatz zu nutzen.

Blocktechnik als Centertechnik

Alle Beobachtungen und Interpretationen weisen darauf hin, daß bei dieser Fahrweise eine einfache und einheitliche Körperarbeit geleistet wird.

Für die Blockbildung und Blockdrehung hat dabei die Körpermitte eine entscheidende Bedeutung. Den Hüften fällt eine Führungsrolle zu, die allerdings nicht an äußeren Bewegungsmerkmalen abzulesen ist. Alle Kräfte der Rumpfmuskulatur können auch für Drücken, Entgegenhalten und Abdämpfen eingesetzt werden.

Auch in der Blocktechnik kann man perfekt werden

Skifahren lernt man immer noch durch Skifahren. Wer einmal eine Abfahrt selbst mit einfachsten Schwüngen und einer simplen Technik hinter sich gebracht hat, wird sich bald in vieler Hinsicht verbessern. Er wird beispielsweise die Ski im Belastungsspiel vor-rückwärts und von einem Ski auf den anderen besser nutzen. Er wird die Wirkungen einer mehr umsteigenden oder mehr beidbeinigen Fahrweise besser abschätzen lernen. Er wird den Wechsel von Diagonal- und Frontalposition geschmeidiger durchführen. Er wird auf Zufallsstörungen immer angemessener reagieren. Und schließlich ein sehr wichtiges Beispiel: Er wird seine Fahrt und seine Bewegungen dem Gelände und dem Schnee immer elastischer anpassen. Also auch der Blocktechniker wird immer perfekter fahren!

Vor- und Nachteile der Blocktechnik

Die Blocktechnik gehört sicher dahin, wo sie auch erfunden wurde: auf die plane Piste. In der Buckelpiste und im Tiefschnee ist man mit ihr überfordert. Sicherlich kann man mit ihr auch keine

«Gehobener» Blockschwung

die Kraft, die man hat, tatsächlich auch auf den Ski zu bringen. Die Blocktechnik ist ziemlich «tempofest», d. h., mit dem gleichen technischen Aufwand deckt sie einen breiten Geschwindigkeitsbereich ab.

Der gehobene Blockschwung
Die einfache Struktur der Blocktechnik kann durch eine variable Körperposition verfeinert werden. Während in der Grundstruktur ständig eine Frontalposition gefahren wird, ist es mit wenig Aufwand möglich, im Schwung von einer Diagonalposition in die andere zu wechseln. Die Aufgabe für das Schwingen lautet dann:

Mit der Blockdrehung von einer Diagonalposition über die Frontalposition zur neuen Diagonalposition wechseln.

Kennt man die Diagonaltechnik, dann sieht man auch gleich Gemeinsamkeiten: Bei beiden Techniken wird nicht innerhalb des Körpers verdreht. So ist also ein Weg vom Blockschwung mit Diagonalposition zum Diagonalschwung leicht denkbar.

hohe Schwungfrequenz, kein schnelles Wedeln erzielen.
Diesen Nachteilen stehen aber mehrere sehr wichtige Vorzüge gegenüber:
- Die Blocktechnik ist äußerst einfach und dementsprechend leicht erlernbar.
- Die Blocktechnik ist eine ökonomische Technik und spart Kraft, indem sie viele Aufgaben den äußeren Kräften überläßt.
- Dennoch ist die Blocktechnik in einem gewissen Sinne auch eine «Krafttechnik»; denn sie erlaubt,

Sicherheit, Verträglichkeit, Schwierigkeit

Die allgemeine Beurteilung dieser Sachverhalte setzt voraus, daß man die Technik beherrscht. Ebenso darf man sie nur auf Anwendungsgebiete beschränken, die auch wirklich im Bereich dieser Fahrweise liegen. Es wäre beispielsweise sinnlos, darauf hinzuweisen, daß die Blocktechnik in der Buckelpiste versagt.

SICHERHEITSBEURTEILUNG nach den Kriterien **Spurgenauigkeit** **Reaktionsfähigkeit** **Störanfälligkeit**	**4**
VERTRÄGLICHKEITSPRÜFUNG nach den Kriterien **Ermüdung** **Verschleiß** **Verletzungsgefahr**	**2**
SCHWIERIGKEITSTESTAT nach den Kriterien **Lernaufwand** **Stabilität des Könnens** **Konditionsanspruch**	**1**

Benotung: sehr gut – mangelhaft; 1–5

Sicherheit
Spurgenauigkeit und Reaktionsfähigkeit sind schlecht gewährleistet. Die Störanfälligkeit ist gering.

Verträglichkeit
Das rutschende Steuern und das Abwarten der äußeren Kräfte vermeiden Ermüdung, der hohe Anteil der statischen Arbeit provoziert sie dagegen. Verschleißerscheinungen und technikbedingte Verletzungen sind nicht zu erwarten.

Schwierigkeit
Lediglich Ausführungen in Pflugstellung sind für einen kleinen Personenkreis schwierig und unzumutbar.

Emotionale Dimension der Blocktechnik

«Damit komme ich überall hinunter.» «Das reicht für mich.» «Damit fahre ich sturzfrei. Was will ich mehr?» «So schwer ist Skifahren gar nicht, wenn sogar ich es kann.» Diese Aussagen charakterisieren mehr die Einstellung der Skifahrer als die Technik. Immerhin kann man ihnen entnehmen, daß die Fahrer sie als leicht einschätzen und damit ganz glücklich sind.

Speziell aber wird in der Blocktechnik wahrgenommen, wie die Bewegung des Drehens und des Haltens der Ski aus der Hüfte kommt, wie die hohe Körperspannung Voraussetzung ist, und wie Schwingen auf diese Weise ein Gefühl der Stärke hervorruft und das Bewußtsein des Könnens sehr unmittelbar stimuliert.

Die Blockbildung für das Drehen sensibilisiert auch recht unmittelbar für die Verbundenheit mit dem Ski. Der Ski wird als «angeschnallt ohne jegliches Spiel», als zugehörig und vielleicht sogar als ein hinzugewonnener Körperteil empfunden.

Ästhetische Dimension der Blocktechnik

Diese Technik verdient Eigenschaften zugesprochen, die man mit «einfach», «ungeziert», «praktikabel» und «kompakt» beschreiben kann. Dennoch ist es auch möglich, aus ihr etwas zu machen. Wer mit ihr sicher und schnell fährt, kann auch den Eindruck des Rasanten oder des Sportlichen hervorrufen. Aber solche Stempel lassen sich jeder Technik aufdrücken. Am besten ist es, sich damit abzufinden, daß es sich bei der Blocktechnik um einen kunstlosen, aber recht brauchbaren Fahrstil handelt.

Dennoch kann diese Fahrweise nach außen für den Zuschauer und nach innen für den Akteur ausstrahlen, daß hier etwas in Ruhe, mit Selbstverständlichkeit und mit Kraft abläuft. Viele Fahrer, die sich der Blocktechnik mit gutem Gefühl für den Schnee und das Tempo bedienen, senden Signale der Stärke aus.

Blockschwünge

Orientiert am Lernprozeß und am fortschreitenden Können wird die Blocktechnik an drei Schwungformen konkretisiert.

1. Der *Pflugschwung* hat nur eine beschränkte Eignung, um für sich allein auf Dauer bestehen zu können. Er ist jedoch mehr als nur eine methodische Hilfe. In den meisten Fällen wird er die Ausgangslage für weitere Blockschwünge sein oder die Basis für ein Umsteigen mit Beinspiel werden.

2. Der *Blockschwung in Frontalposition* hat bereits höheren Eigenwert. Er kann als Vorläufer des Blockschwungs in Diagonalposition betrachtet werden, bietet aber auch einen Einstieg in die Rotationstechnik.

3. Der *Blockschwung in Diagonalposition* schließlich ist ein Schwung auf unbeschränkte Dauer mit hohem Praxiswert! Der Weg zum Diagonalschwung ist nicht weit.

Pflugschwung

Herkunft und Bedeutung

Das schwunghafte Beidrehen aus einem Pflug gehört zu den ersten Schwungübungen und wurde schon immer Pflugschwung genannt. Der deutsche Skilehrplan (Ausgabe 1981) kennt auch eine Form des Grundschwunges mit beidseitigem Einpflügen. Im folgenden wird eine Form, die nur mit der einfachen Blockdrehung ausgeführt wird, als Pflugschwung vorgestellt. Mit solchen Pflugschwüngen kann man bereits längere, leichte Abfahrten flüssig bewältigen.

Lernen und Schwierigkeit

In der Regel gelingen bereits die ersten Pflugschwünge. Nur zu flaches oder zu steiles Gelände und zu langsame Fahrt machen Schwierigkeiten. Immer sollten gleich eine ganze Reihe von Schwüngen hintereinander gefahren werden.

Es gibt Skifahrer, die mit dem Pflugschwung so gut zurechtkommen, daß sie nie darüber hinausgehen wollen. Andere kehren in kritischen Situationen wieder zum Pflugschwung zurück. Deshalb sollte man dieser Technik auch die Anerkennung als richtigem Schwung mit Rang und Namen nicht versagen.

SICHERHEIT	**5**
VERTRÄGLICHKEIT	**3**
SCHWIERIGKEIT	**1**

Sicherheit und Verträglichkeit

Der Pflugschwung braucht Raum für ein Rutschen, das nicht genau gesteuert werden kann. Deshalb kann es in Engstellen und auf stark bevölkerten Pisten Sicherheitsprobleme geben.

Die Pflugstellung ist nicht für jedermann verträglich. Bestimmte Hüftkonstellationen lassen für manchen Menschen das Becken in der Pflugstellung abkippen und machen damit das Pflügen schwierig, wenn nicht sogar schmerzhaft.

Pflugschwung

Bewegungsbeschreibung
- Aus flotter Schrägfahrt in die Pflugstellung übergehen.
- Vom Auspflügen an gut auf den inneren Kraftschluß achten.
- Im Block drehen Körper, Beine und Ski zugleich in die Fallinie und über die Fallinie.
- Nach der Fallinie die Ski wieder parallel laufen lassen und schwunghaft weiterrutschen.

Bewegungsgefühle
- Spannung halten – drehen – Spannung halten.
- Der Druck in den Beinen wächst, läßt nach und steigt wieder an.
- Körper, Beine und Ski sind wie miteinander verschraubt.
- Wie ein Pflugbogen, aber weicher, runder und schwungvoll.
- Anfahren – schneller werden – abschwingen.
- Das ist kein Pflugbogen mehr! Man rutscht wie von selbst um die Kurve.

Basisschwung
in Frontalposition

Herkunft und Bedeutung

Diese Form des Schwingens wurde von den Skifahrern entwickelt, die keinen Skikurs besuchen konnten oder wollten. Sie haben nach der einfachsten Möglichkeit gesucht. Auch wird es Skifahrer geben, die ihre kunstvollen Schwungtechniken aufgegeben haben.

SICHERHEIT	**4**
VERTRÄGLICHKEIT	**2**
SCHWIERIGKEIT	**1**

Lernen und Schwierigkeit

Das Hauptproblem liegt im Erhalten der allgemeinen Körperspannung, der Kraftspannung im Körperzentrum und des Blocks. Diese Voraussetzungen können beim Schußfahren, Schrägfahren und vielleicht auch mit kleinen Sprüngen geschaffen werden.

Das Schwingen in Frontalposition wird in steilerem Gelände etwas problematisch. Dabei ist flachere Kantenführung ein Nachteil. Die eigentlichen Schwierigkeiten erwachsen jedoch aus dem ungenügenden Vorlauf des Innenski und in der Folge aus einer ungünstigen Stehposition.

Sicherheit und Verträglichkeit

Der Basisschwung in Frontstellung garantiert noch keine hohe «Spurtreue». Deshalb müssen Fahrer dieser Technik besonders weitschauend vorausplanen.

Die Verträglichkeit dieser Technik ist gut, solange kein steiles Gelände aufgesucht wird. Im Steilgelände werden die Querachsen des Körpers so gegeneinander verschoben, daß die Haltespannung der Muskulatur gestört wird.

Basisschwung in Frontalposition

Bewegungsbeschreibung

- Die Anfahrstellung hoch und die Skiführung offen wählen.
- Flüssig fahren.
- Den inneren Kraftschluß, die Blockbildung sichern.
- Fahrer und Ski drängen gleichzeitig in die neue Richtung.
- Einmal im Schwung, sich auf das Halten der Ski konzentrieren.
- Blick und Körper stets dem Ziel zuwenden.

Bewegungsgefühle

- ✳ Körper, Beine und Ski sind wie ein Block miteinander verschraubt.
- ✳ Die Hüften führen das Drehen und das Halten von Ski und Körper.
- ✳ Je schneller ich schwinge, desto geringer wird das Drehgefühl und um so stärker das Haltegefühl.
- ✳ Spannung ist in Körper und Ski.
- ✳ Ich fühle mich ganz stark dabei.

Basisschwung
in Diagonalposition

Herkunft und Bedeutung

Da die Diagonalposition den meisten Fahrern im Schrägfahren anerzogen wurde oder von alleine zugewachsen ist, ist sie nicht unbekannt. Manche Fahrer können diese Erfahrung von selbst in den Basisschwung einbringen. Die Bedeutung dieser Fahrweise liegt in ihrem hohen Brauchwert auf lange Zeit, aber auch in den Möglichkeiten einer Weiterentwicklung, z. B. durch den Diagonalschritt. Zunächst aber ist der Basisschwung in Diagonalposition ein Parallelschwung.

Lernen und Schwierigkeit

Hier kann mit einer bewährten Bewegungsvorstellung und Vorgabe gearbeitet werden: Von der Schrägfahrt über die Schußfahrt zu einer neuen Schrägfahrt.

Man muß sich bei diesem Schwung der schmalen Grenze zum Beinspiel, die nur im Timing und in der Koordination liegt, bewußt sein. Wer lieber den Weg zur Diagonaltechnik gehen will, sollte die Diagonalposition sofort oder verhältnismäßig spät wechseln, jedenfalls nicht in der Phase des aktiven Blockdrehens.

SICHERHEIT	**3**
VERTRÄGLICHKEIT	**1**
SCHWIERIGKEIT	**2**

Sicherheit und Verträglichkeit
Der Basisschwung in Diagonalposition hat einen noch nicht voll kontrollierten Schwungansatz, aber wird bereits gut geführt gesteuert. Die Verträglichkeit dieser Schwungtechnik ist in allen Situationen gut.

Basisschwung in Diagonalposition

Bewegungsbeschreibung

- Anfahrt in Diagonalposition, Skiführung offen, Tempo nicht zu gering.
- Den inneren Kraftschluß sicherstellen.
- Fahrer und Ski drängen gleichzeitig in die neue Richtung.
- Langsam vom Drehen zum Halten übergehen.
- Sobald die Drehung selbsttätig läuft und die Haltearbeit überwiegt, wird die Diagonalposition gewechselt.

Bewegungsgefühle

- Die Blockspannung geht von der Körpermitte aus.
- Die Kante greift.
- In den Phasen der Diagonalposition führt der Ski besser.
- In der Diagonalposition liegt etwas Aggressives.
- Das Blockdrehen löst Kanten und Ski vom Hang.
- In der Diagonalposition drücken die Hüften auf die Kanten.

Diagonaltechnik – eine moderne Schwungtechnik

Unter Diagonaltechnik wird im folgenden die moderne Slalomtechnik, die sich auch als eine hervorragende Gebrauchstechnik für den Freizeitskifahrer erweist, vorgestellt.

Beide Gesichtspunkte sind so neu und aktuell, daß bei dieser Technik eine ausführlichere Darlegung angezeigt ist.

Wissenswertes zur Diagonaltechnik

Wie bei vielen Entwicklungen ist auch bei der Diagonaltechnik die genaue Geburtsstunde nicht auf den Tag feststellbar. Vergleicht man jedoch einen Slalomfahrer des Jahres 1989 mit einem des Jahres 1979, so sieht man auf Anhieb, daß sich hier etwas verändert hat. Man kann diese Veränderungen sogar an einigen Läufern studieren, die in diesem ganzen Zeitraum zur Weltspitzenklasse gehörten. Bevor man sich aber der Frage zuwendet, was anders geworden ist, sollte man nach den Ursachen und Anlässen Ausschau halten.

Die Sonderstellung der skiläuferischen Entwicklungen

Nach einer allgemein akzeptierten These geht aller Fortschritt im Sport vom Leistungssport aus. Will man diese Behauptung auch für das Skilaufen vortragen, so muß man zunächst einige Ausnahmen gegenhalten.

Der Österreicher Matthias Zdarsky erfand eine alpine Fahrtechnik, für die er keine persönlichen Vorbilder kannte, und die auf Anhieb alle bestehenden Abfahrtstechniken der Norweger an Effektivität weit übertraf. Er publizierte sie 1897. Fritz Reuel aus Frankfurt führte 1925 Elemente des Eislaufens in die alpine Technik ein und wurde damit der Begründer des Trickskilaufs. Der Innsbrucker Toni Ducia entwickelte 1934 eine rotationsfreie Technik, die später einmal auch den Rennlauf beeinflussen sollte. Einer seiner Musterschüler, Emile Allais, wandte sich jedoch von dieser ab, kehrte zur Rotationstechnik zurück und wurde damit Weltmeister (1937). Schließlich kann als jüngstes Beispiel für eine Problematisierung der Fortschrittsthese die Blocktechnik herangezogen werden, die hier als eine «Erfindung der Kleinen Leute» geschildert wurde.

Die Kippstange – ein überraschender Entwicklungsfaktor

Auch wenn, wie diese Beispiele zeigen, im Skisport nicht jede Entwicklung aus dem Rennlauf kommt, so ist die Sachlage für die Diagonaltechnik eindeutig. Die Diagonaltechnik kommt aus dem Rennlauf. Einzelne Fahrer wie Ingemar Stenmark zeigten schon lange Schwungauslösungen mit vorgeführtem Außenarm. Auch tendierten fast alle guten Fahrer beim Scherumsteigen zu einer Bein-Arm-Koordination über Kreuz. Den großen Durchbruch aber brachte erst die Kippstange im Slalom.

Wer an einer unnachgiebigen Torlaufstange vorbeifahren muß, tut gut daran, sich wegzudrehen und einer direkten Kollision aus dem Wege zu gehen. Diese Taktik verbindet sich bis Anfang der 80er Jahre ausgezeichnet mit der Technik des Beinspiels als Beinedrehen und Rumpfgegendrehen. Diese Taktik und Technik aber sind bei einer Kippstange nicht mehr nötig und nicht mehr günstig.

Bei Kippstangen ist es möglich, den Körper über die Stange hinweg zu führen oder sogar die Körperbahn außer-

halb des Tores näher zum Schwungzentrum zu legen. Erst so kann man
auch die Ski direkt an die Stange her-
anführen. Früher bestimmte dagegen
das Ausmaß der Kurvenlage den Ab-
stand der Ski von der Stange. Wer
aber die Ski so direkt an die Stange
heranführt und mit dem Körper schon
abseits der Stange liegt, hat Schwierigkeiten, mit der Innenhand die Kippstange für das Wegdrücken zu erreichen, wogegen er mit der Außenhand
in der Regel direkt auf die Stange zu-
fährt.

So muß es heute als eine logische Entwicklung erscheinen, daß die Slalomfahrer zu Beginn des Schwunges die
Außenhand vorführen, um die Stange
wegdrücken zu können. Die meisten
Fahrer passieren heute so die Torlaufstange.

Eine glückliche historische Situation

Schon der große österreichische Theo-
retiker Fritz Hoschek suchte in den
30er Jahren die Verbindung von All-
tagsbewegungen und Skimotorik. Die
Nähe der Skitechnik zur Alltagsmotorik verspricht von vornherein Vorteile.

Wer zu Beginn eines Schwunges einen
Schritt macht, bei dem der Innenski
energisch vorgeführt wird, und wer dabei die Außenhand vorführt, um damit
die Kippstange attackieren zu können,
ist bei der Kreuzkoordination von
Arm- und Beinarbeit angekommen.
Er macht einen Schritt so, wie er auch
in der Alltagsmotorik des Gehens und
Laufens abläuft. Damit muß man eine
außerordentlich glückliche Situation
in der Entwicklung der alpinen Skitechnik feststellen, und man darf für
diese neue Technik folgende Vorteile
erwarten: leichte Erlernbarkeit, hohe

Stabilität des einmal erworbenen Könnens und gute Verträglichkeit für den
Bewegungsapparat.

Vom Umsteigen zum Diagonalschritt

Als der deutsche Skilehrplan 1967 und
1971 das Umsteigen postulierte, berief
er sich bereits auf die Anlehnung an die
Alltagsmotorik. Der tschechoslowaki-
sche Wissenschaftler Miloslaw Zalešak
bestätigte wenig später den Zusammenhang der Umsteigebewegung auf
Ski mit dem Gehen im Alltag. Aber
diese neue Umsteigetechnik, die bald
die ganze Skiwelt erobern sollte, brach
nicht aus dem Rahmen des Beinspiels
aus. Es blieb: Drehen der Beine und
Gegendrehen des Rumpfes. Der Um-
steigevorgang, auch der Transfer der
Alltagsmotorik, blieben streng auf die
Beine begrenzt.

An dieser Einbindung des Umsteigens
in die Beinspieltechnik änderte auch
die Tatsache nichts, daß viele gute Fahrer beim Umsteigen mit der Schere wenigstens in der Auslösephase den Arm
vorzogen. Die Schultheorien aller Länder unterbanden eine Kreuzkoordination konsequent. Erst die Kippstange
löste die Fessel des Beinspielprinzips
«Beine gegen Rumpf» und brachte den
neuen Schritt.

Mag der Diagonalschritt auch das auf-
fälligste Kennzeichen dieser neuen
Technik sein, so ist es nicht das
alleinige Merkmal, wie eine genauere
Analyse zeigt.

Typische Merkmale
der Diagonaltechnik

Diagonalposition: der rasche Wechsel

An die Stelle des Vordrehens des Körpers beim Rotieren und des Rumpfge-

Schrittansätze – Diagonalschwung

gendrehens in der Beinspieltechnik tritt in der neuen Technik ein rascher Wechsel der Hüftposition. In der Regel erfolgt dieser Wechsel so rasch, daß er noch in die Schrittbewegung einbezogen wird. Es gilt also:

- sofortiger Positionswechsel,
- Positionswechsel im Zusammenhang mit dem Schritt,
- Dauerposition: Diese Position steht in der Schrägfahrt und im Schwung schräg, also diagonal zur Fahrtrichtung.

Das Drehen *mit* dem Ski

Während bisherige Techniken den Ski und seine Sperrigkeit gegen das Drehen durch Flachstellen, Entlastungen oder besondere Druckbelastungen überlisten mußten, geht die Diagonaltechnik auf den Ski und seine Ei-

genschaften von Anfang an ein und nutzt diese einfach für die Drehung aus. In einem Zug werden mit dem *Schritt* und dem *Positionswechsel* auch die Kanten und die Belastung gewechselt. Damit beginnt das Drehen bereits auf der neuen Kante, und die Führungseigenschaften der Skitaillierung bei voll belastetem und durchgedrücktem Ski kommen zum Tragen. Formelhaft zusammengefaßt heißt das:

- Kanten vor Drehen!
- Drehen mit und nicht gegen den Ski!

Die Neubewertung der Vertikalbewegung

Wie beim Gehen und Laufen findet im Diagonalschritt auf Ski auch keine Hoch- oder Tiefbewegung statt. Nur innerhalb des Systems Körper kommt es zu vertikalen Verschiebungen, wie es beispielsweise das «Pedalieren» zeigt: Während sich das Außenbein streckt, ‹steigt› das Innenbein hoch.

Aber sozusagen im zweiten Akt spielt die Vertikalbewegung doch eine Rolle; denn in der Phase des Kippens aus der Hüfte und des Bahnwechsels ziehen viele Fahrer eine Vertikalbewegung zu Hilfe. So sieht man:
● eine Streckbewegung,
● ein Tiefgehen,
● ein neutrales Kniekurbeln,
● ein Durchhocken.

Offensives Kippen und Betonung der Körperbahn

Während man bisher die Kurvenlage nur als Herstellung der Gleichgewichtsverhältnisse im Schwung behandelte und das Kippen aus dem ganzen Körper, vor allem aus dem Oberkörper, ansprach, findet man in der Diagonaltechnik eine bewußte Bewegungsführung für Kippen und Bahnführung aus der Hüfte. Die Diagonaltechnik erweist sich gerade in diesem Punkt als eine *Centertechnik*, als Technik, die von der Körpermitte ausgeht:
● Kippen aus der Hüfte,
● Betonung der Körperbahn,
● Führung der Körperbahn aus der Hüfte.

Die Möglichkeit eines hohen Bahnsplittings

Bei jedem Schwung und in jeder Technik verläuft die Bahn der Körpermasse anders als die Skispur. Beide Bahnen kreuzen sich, laufen auseinander und nähern sich wieder an. Das Auseinanderlaufen oder Splitting geschieht durch die Einnahme der Kurvenlage. Dieses kann langsam erfolgen, aber es kann auch notwendig sein, daß sich der Skifahrer über seine Ski hinweg talwärts in Richtung des Kurvenzentrums stürzt.

Schon bei der Jettechnik wurde sichtbar, daß es zu besonders starken Bahndifferenzen kommen kann, die auch vorübergehend zu einer Gleichgewichtsschuld führen müssen. Der Fahrer kommt mit seinem Körper so weit nach innen, daß er vorübergehend instabil wird und besondere Maßnahmen für die Gleichgewichtssicherung am Schwungende ergreifen muß. Aber schon als die Jettechnik aufkam, war es klar, daß nicht rein funktionelle Gesichtspunkte allein, sondern auch erlebnismäßige Komponenten dafür verantwortlich waren. Letztere bestehen in diesem Falle sicherlich im starken Wechsel von Normal- und Rücklage und noch mehr im Wechsel von Gleichgewichtsschuld und Gleichgewichtssicherung.

Ähnliches ist heute bei der Diagonaltechnik zu beobachten. Im Rennen stürzen sich bisweilen die Fahrer so heftig und so weit nach innen, daß es zu einem außerordentlich hohen Bahnsplitting kommt. Selbstverständlich zielen dabei die Rennfahrer auf besonders flache Bahnkurven des Körpers ab, um zeitliche Vorteile zu gewinnen. (Der Ski muß ja auf alle Fälle um die Stange herumgeführt werden.)

Aber vergleichbar dem Jetschwung wird auch hier eine Gleichgewichtsschuld eingegangen, die am Ende des Schwunges wieder beglichen werden muß. Man kann sogar sagen: Geht man ein erhöhtes Bahnsplitting ein, so verändert man die ganze Struktur des Schwunges. Eine genauere Analyse wird dies noch zeigen.

Für das Skifahren außerhalb des Rennbetriebes dürften wiederum die psychischen Komponenten von besonderem Interesse sein. Ein hohes Bahnsplitting gewährt den Kitzel des Schwebens, auch wenn dies noch so kurz dauern mag, und dynamisiert das Schwingen auf eine neue Art und Weise. An anderer Stelle wurde auch bereits auf das Trampolinprinzip verwiesen, das hier hereinspielt.

Die vielfältigen Drehmöglichkeiten

Der Schritt auf den Außenski ist auch ein Schritt in die neue Richtung. Im Schritt löst sich auch die im Fuß gespeicherte Drehspannung des «Ankantens» (Pronations- oder Großzehengriff). Vor allem aber führt der Ski zur Kurvenfahrt durch den frühzeitigen Kanten- und sofortigen Belastungswechsel die Richtungsänderung fast von selbst durch. Weiter tragen das offensive Kippen aus der Hüfte und alle Möglichkeiten des Beindrehens zum Gelingen und genauen Steuern der Kurve bei.

Zusammenfassung der Drehimpulse:
- Lösung der Drehspannung aus dem «Ankanten»,
- Schritt in die neue Richtung,
- Selbststeuerung der Ski,
- Kippen in den Schwung,
- Beinedrehen.

Das Hüftcanting

Seit auf den Pisten die Diagonaltechnik zu beobachten ist, sieht man auch mehr und mehr das Hüftcanting. Statt die Ski mit Hüftknick oder Vor-Seitbeugen auf die Kanten zu zwingen, winkelt man die Beine gegenüber der Hüftachse ab. Diese Art des Kantens wird auch schon in der Pflugstellung angewandt. Die Vorteile des Hüftcantings sind:
- bessere Druckkontrolle,
- bessere Kontrolle der Drehkräfte,
- bessere Kraftübertragung,
- bessere Verträglichkeit.

Der Einsatz aller Körperkräfte

In der Rotation wird die Kraftübertragung der Rumpfkräfte auf den Ski gemindert oder etwas gesperrt. In der Beinspieltechnik wird durch das Gegendrehen und Vor-Seitbeugen der Kraftfluß von oben nach unten und unten nach oben beinahe unmöglich gemacht. Obendrein werden die Muskeln des Rumpfes hauptsächlich für das Gegendrehen und das Halten von Gegenposition und Außenlage gebraucht. Die Diagonaltechnik dagegen bringt aus der Diagonalposition und aus dem für die Kraftlinie günstigen *Hüftcanting* heraus alle Kräfte des Rumpfes «auf den Ski»!
Das heißt, in der Diagonaltechnik
- wird eine günstige Kraftlinie gewahrt,
- wird bewußt der ganze Körper für die zu leistende Arbeit eingesetzt.

So wird weiter deutlich, daß die Diagonaltechnik aus der Körpermitte abläuft, also eine Centertechnik ist.

Phasen- und Aktionsanalyse

Nach dieser Skizzierung des Entstehungsrahmens und der typischen Merkmale der Diagonaltechnik sollen im folgenden der Schwungverlauf und die Schwungaktionen erläutert werden.

Dabei wird von einem Umfahren einer Slalomstange ausgegangen, um zu zeigen, wie der Rennschwung nicht nur für die Schwungauslösung, sondern auch für den weiteren Schwungverlauf Vorbild sein kann.

Selbst wenn man nämlich keinen Slalom fahren will, ist es reizvoll, auch die neue Dynamik des Schwingens mit einem hohen Bahnsplitting zu erproben.

Die Abbildung rechts stellt vor allem folgende Momente heraus:
- eine Aufteilung nach Phasen, die nach ihren typischen Aktionen gegliedert sind;
- eine getrennte Darstellung der Skispur und der Körperbahn;
- die Charakterisierung der Skispur nach einbeinigem und nach zweibeinigem Schneekontakt;
- die Charakterisierung der Skispur nach Schnittverlauf, Rutschen und Schneeauswurf;
- die Art der Hüftführung auf der Körperbahn;
- ein Zeitraster der Phasen nach Zehntelsekunden.

Die 5 Aktionsphasen der Diagonaltechnik

 Skispur

 Luftspur – abgehobener Ski

 Körperbahn

 Torstange

 Aufspritzender Schnee

 Zehntelsekunden

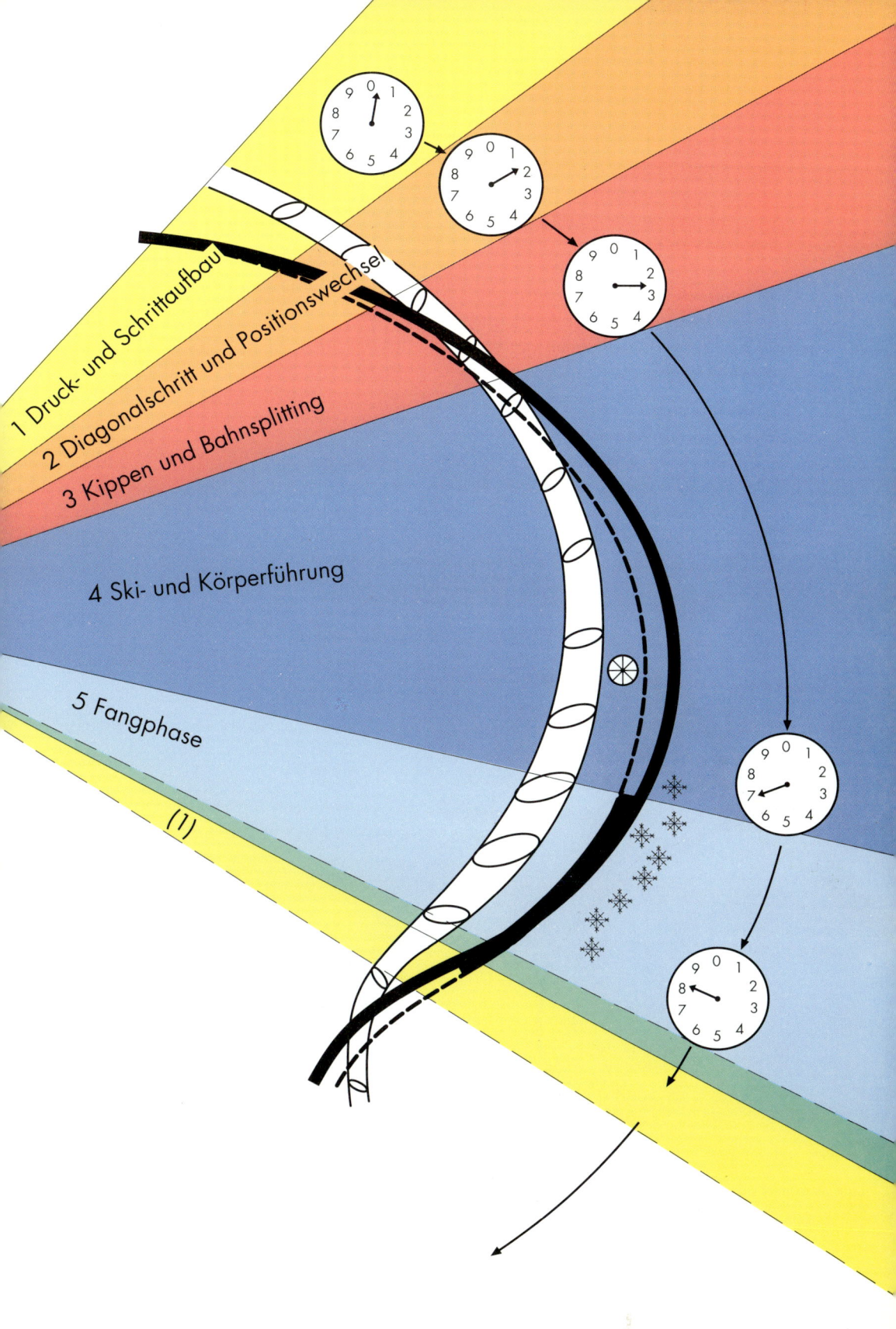

1 Druck- und Schrittaufbau

2 Diagonalschritt und Positionswechsel

3 Kippen und Bahnsplitting

4 Ski- und Körperführung

5 Fangphase

(1)

Phase 1:
Druck- und Schrittaufbau

Zum Druckaufbau für den Abstoß und Schritt kann man recht verschiedene Maßnahmen wählen und auch miteinander kombinieren.

Beugen oder Strecken der Beine:
Damit kann die Muskelkraft und das Körpergewicht zum Druckaufbau genutzt werden.

Unterfahren:
Die Ski werden im letzten Moment unter den Körper bzw. unter den Körperschwerpunkt gezogen. Das ist besonders bei einem hohen Splitting der Körperbahn (Abschneider!) effektiv und kritisch zugleich.

Hochziehen:
Am Ende der Steuerphase des vorhergehenden Schwunges werden die Ski leicht gegen den Hang gelenkt.

Auffahren:
Schon kleinste Bodenunebenheiten führen zum Abfall oder Ansteigen des Drucks. Letzterer wird im rechten Moment genutzt.

Verlagern:
Volle Verlagerung des Gewichtes auf den Außenski bringt eine Drucksteigerung.

Ankanten:
Beim Beugen des Sprunggelenks rotiert der Fuß in seiner Längsachse nach innen. Diese Pronationsbewegung, manchmal auch der «Großzehengriff» genannt, baut eine diagonale Drehspannung zwischen Großzehe und Außenferse auf.

Phase 1

Druck- und Schrittaufbau
* Beugen oder Strecken
* Unterfahren
* Hochziehen
* Auffahren
* Verlagern
* Ankanten

Phase 2:
Diagonalschritt und Positionswechsel

Der Diagonalschritt und der rasche Positionswechsel schließen eine Rotation des Körpers oder ein Gegendrehen im Verlauf der Schwungdrehung aus.

Abdruck oder Abstoß:
Dieser entschiedene Schritt relativiert das Problem der Schrittvariation.

Schritt nach außen:
Der Schritt als Wechsel von einem Bein auf das andere, von links nach rechts, von innen nach außen, wird auf Ski akzentuierter.

Beinhub innen:
Das Innenbein steigt hoch und bleibt längere Zeit angehoben. Dies kann durch Hüftkick unterstützt werden.

Anhalten des Schrittes:
Der Umsteigeschritt wird in der Diagonaltechnik «angehalten». Erst nach langer Fahrphase auf dem Außenski wird das Abdruckbein beigesetzt.

Armzug außen:
Im Zusammenspiel der Arm- und Beinarbeit über Kreuz geht der Außenarm nach vorn.

Diagonalschritt und Positionswechsel
* **Abdruck oder Abstoß**
* **Schritt nach außen**
* **Beinhub innen**
* **Anhalten des Schrittes**
* **Armzug außen**
* **Stockeinsatz innen**
* **Skiwechsel**
* **Positionswechsel**
* **Kantenwechsel**

Stockeinsatz innen:
Der Stockeinsatz erfolgt im Vergleich zur Beinspiel- und Rotationstechnik etwas verzögert und ist in eine meist schwache Pendelbewegung gegen den Außenarm einbezogen.

Skiwechsel:
Der Skiwechsel erfolgt rasch im Takt des Schrittes. Der «Vorlaufski» wird in der Luft nach vorne geschwungen.

Positionswechsel:
Möglichst schnell wechselt die Einstellung der Hüfte von einer Diagonalposition in die andere.

Kantenwechsel:
Ähnlich entschieden und rasch wird der Kantenwechsel – meist noch vor jeder Drehung – vollzogen.

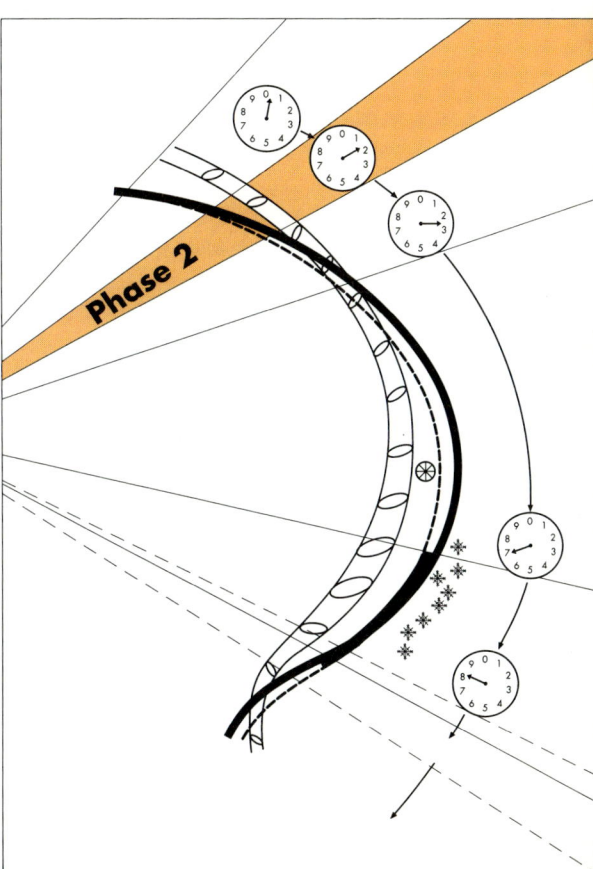

Phase 3:
Kippen und Bahnsplitting

Auch das Kippen aus der Hüfte und ein bewußtes Splitten von Skispur und Körperbahn gehören zum Wesen der Diagonaltechnik. Zwar ist auch beim Beispiel ein hohes Bahnsplitting denkbar, aber es ist dort mit größeren Schwierigkeiten verbunden.

Armbalance:
Begleitend zu den folgenden Aktionen sichert das Öffnen der Arme die Balance.

Kippen aus der Hüfte:
Das schnelle Vorschieben der Hüfte in Richtung Schwungzentrum ist für alle begleitenden Aktionen wichtig.

Kreuzen von Skispur und Körperbahn:
In keiner anderen Technik wird diese Aufgabe so bewußt vollzogen.

Vertikale Arbeit:
Abhängig vom Gelände und der Anlage der Kurve kann hier jegliche vertikale Arbeit, also Hoch- oder Tiefbewegung und auch ein Durchhocken angebracht sein.

Hüftcanting:
Die Verstärkung des Aufkantens geschieht vorteilhafterweise meist nicht als Kniearbeit oder als ein seitliches Abbeugen der Lendenwirbelsäule, sondern als ein Zurseiteschwenken der Beine gegenüber der Hüftachse.

Dreharbeit:
Das Drehen der Ski, das bereits durch Lösen der diagonalen Drehspannung im Ankanten, durch das Hineinstürmen in den Schwung mit dem Schritt und durch die Selbstführung der Ski im vollen Gange ist, kann durch ein Blockdrehen oder auch durch Beinedrehen weitergeführt werden.

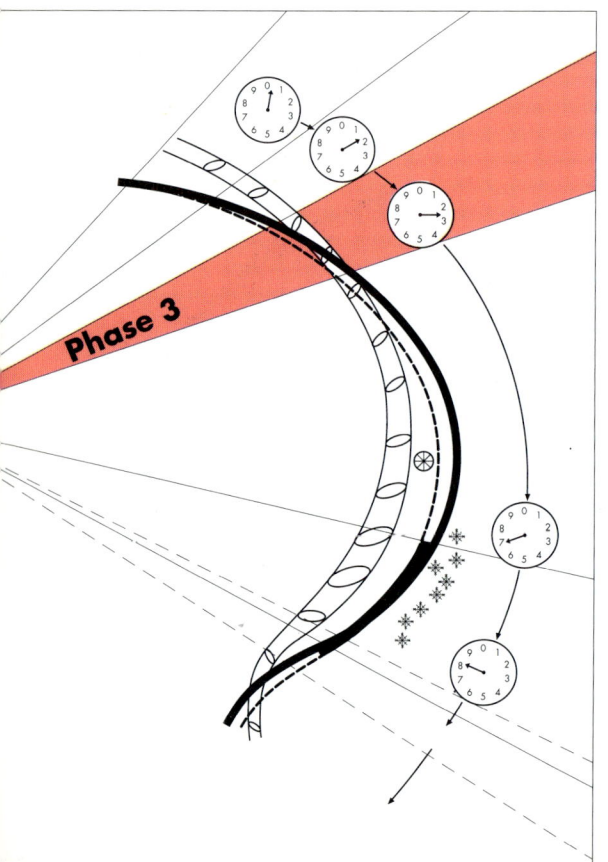

Phase 3

Kippen und Bahnsplitting
* **Armbalance**
* **Kippen aus der Hüfte**
* **Kreuzen von Skispur und Körperbahn**
* **Vertikale Arbeit**
* **Hüftcanting**
* **Dreharbeit**

Phase 4:
Ski- und Körperführung

Die nun einsetzende Aufgabe der Ski- und Körperführung als ein beinahe getrenntes Problem ist wiederum typisch für die Diagonaltechnik. Durch das offensive Kippen und die bewußte Bewegungsführung aus der Hüfte kann ein höheres Splitting von Skispur und Körperbahn eingegangen werden. (Diese langanhaltende Schwungphase wird im Slalom von der Stangenpassage kurz überlagert.)

Armbalance:
Die Arme können freier als in anderen Techniken geführt werden und übernehmen Balanceaufgaben auch in dieser Phase.

Führung der Ski mit den Beinen:
Die weitere Führung der Ski erfolgt ohne hohen Druck durch die Beine. Der schneidende Ansatz kann in dieser Phase leicht beibehalten werden.

Führung der Körperbahn aus den Hüften:
Ob ein Abschneider mit Gleichgewichtsschuld angezielt ist oder nicht: die Körperbahn wird durch eine gezielte Führung aus der Hüfte gestaltet.

Aufsetzen:
Im Verlaufe dieser Phase, häufig gegen Ende, wird der Innenski wieder aufgesetzt. Erst hier ist der Schritt beendet.

Ski- und Körperführung

* Armbalance
* Führung der Ski mit den Beinen
* Führung der Körperbahn aus den Hüften
* Aufsetzen

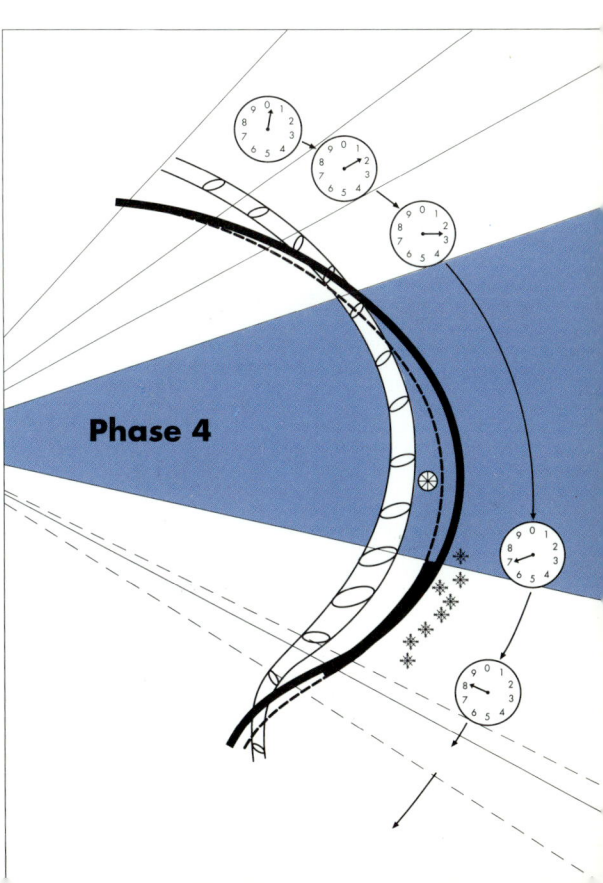

Phase 4

Wer ein hohes Bahnsplitting eingeht, läßt sich auch in der Phase der Ski- und Körperführung auf eine Gleichgewichtsschuld ein. Jetzt, zum Schluß, muß diese Rechnung beglichen werden. Vor allem diese Phase wird deshalb zu einer kritischen zeitlichen Abstimmungsfrage, aber auch zu einem Problem der Kraft. In der Regel verschmilzt diese Schlußphase mit der Anfangsphase des nächsten Schwunges, und fast alle Aktionen der einen Phase dienen auch der anderen.

Auch bei normalen Schwüngen auf der Piste kommt es häufig zu einer Zuspitzung der Endphase des Schwunges, vor allem, wenn man sehr dynamisch fährt und die äußeren Kräfte nutzen will.

Unterfahren:

Um den Schwung abfangen zu können, muß der Ski günstig unter dem Körper plaziert werden. Häufig muß er vorgezogen, gelegentlich auch noch gedreht werden.

Abfangen:

Mit der Kraft des ganzen Körpers, nicht nur der Beine, müssen nun alle Kräfte des Schwunges, die hangabwärts und schwungauswärts gerichtet sind, abgefangen werden.

Stabilisieren:

In das Abfangen ist die Wiederherstellung des Gleichgewichts oder auch nur die Sicherung des Gleichgewichts eingebunden.

Druck- und Schrittaufbau:

Die meisten Aktionen des Druck- und Schrittaufbaues fallen mit den Aufgaben der Fangphase zusammen.

Phase 5

Fangphase
* **Unterfahren**
* **Abfangen**
* **Stabilisieren**
* **Druck- und**
* **Schrittaufbau**

Die Torpassage als zusätzliche Phase im Slalom

Im Slalom spielt das Umfahren der Kippstange eine große Rolle. Diese Aufgabe überlagert die Phase der Ski- und Körperführung.

Heranfahren an die Stange:
Die Beine führen die Ski möglichst nah an die Stange heran, um einen kurzen Weg zu erzielen.

Umfädeln der Stange:
Anders als früher wird das Tor nicht mehr so hoch angeschwungen, sondern sehr häufig mit den Ski «umfädelt».

Drücken mit einer Hand:
Nur wenige Fahrerinnen und Fahrer drücken die Stange immer mit ein und derselben Hand zur Seite. Folge: Unsymmetrische Körperarbeit.

Drücken mit der Innenhand:
Normalerweise ist diese Art mit einer ungünstigen Spur verbunden, etwas weiter ab von der Stange. Zu vermeiden ist dies nur mit einem weiten Armzug oder Armwischer von außen nach innen. In Vertikalen allerdings zeigt das Innenhandräumen seine Vorteile.

Drücken mit der Außenhand:
Bei einem hohen Bahnsplitting wird der Körper bereits so weit außerhalb

Torpassage

* **Heranfahren an die Stange**
* **Umfädeln der Stange**
* **Drücken mit einer Hand**
* **Drücken mit der Innenhand**
* **Drücken mit der Außenhand**
* **Vorchecken mit der Hand und Bodycheck**
* **Körperführung außerhalb des Tores**

des Tores nahe am Schwungzentrum geführt, daß die Außenhand die Stange drücken kann.

Vorchecken mit der Hand und Bodycheck:
Die häufigste Aktion an der Stange ist ein Vordrücken mit der Hand und ein endgültiges Beiseitedrücken mit dem Körper. Nur gelegentlich ist ein Bodycheck ohne Vorarbeit durch die Hand zu beobachten.

Körperführung außerhalb des Tores:
Die Führung des Körpers über die Stange hinweg oder besser noch außerhalb der Stange ist ein Ziel der Körperführung aus den Hüften.

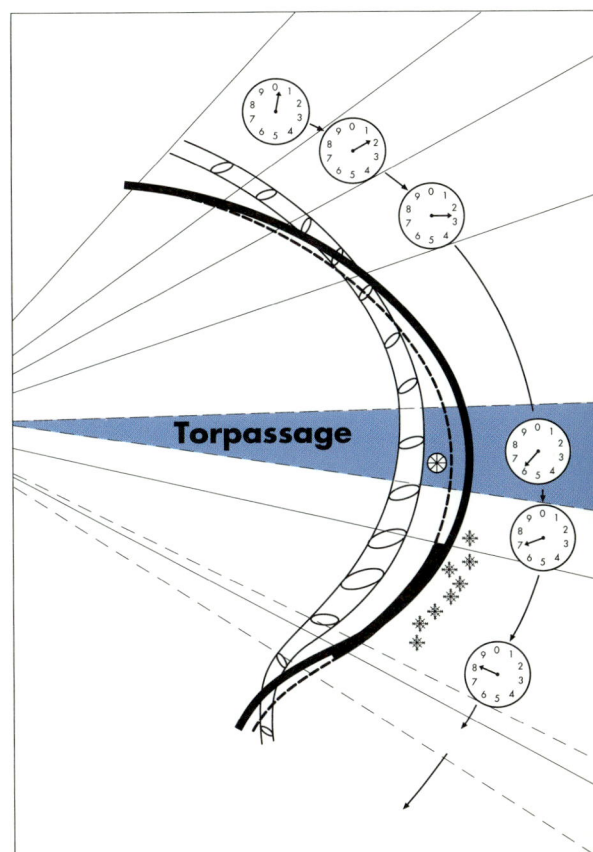

Torpassage

DIAGONALTECHNIK	BEINSPIELTECHNIK

Allgemeine Merkmale

DIAGONALTECHNIK	BEINSPIELTECHNIK
– Konter von Außenarm und Innenseite	– Beinedrehen zur Schwungauslösung
– Positionswechsel in einem Zug und gleichbleibend	– situatives Gegendrehen
– Hüfte als Bewegungszentrum	– Hüfte als reaktiver Körperteil
– Kanten vor Drehen	– Drehen vor Kanten
– verstärktes Kanten als Hüftcanting	– verstärktes Kanten aus Knie und Lendenwirbelsäule
– keine Vertikalbewegung in der Schwungeinleitung	– meist starke Vertikalbewegung
– Querachsenführung annähernd parallel	– Querachsenführung stark divergierend
– Skidrehen als eine der Aufgaben	– Skidrehen als Hauptaufgabe
– Skihalten Hauptaufgabe	– Skihalten Nebenaufgabe
– Steuerphase bis zu 90 Prozent Schwunganteil	– Steuerphase 25–75 Prozent Schwunganteil
– hohes Bahnsplitting	– geringes Bahnsplitting

Ski

– Wechsel der Skistellung stets schnell	– Wechsel der Skistellung situativ verschieden
– Innenski sofort angehoben	– Innenski verzögert angehoben
– Innenski stark angehoben	– Innenski leicht angehoben
– Außenski schnell gekantet	– Außenski allmählich gekantet

Knie

– Außenknie leicht gebeugt	– Außenknie stark gebeugt
– seltene Kniekurbel	– Kniekurbel
– keine oder geringe Seitenneigung des Außenknies	– starke Seitenneigung des Außenknies
– gelegentliches Voreinanderschieben (Überkreuzen)	– kein Überkreuzen

Hüfte

– sofortiger Positionswechsel	– Positionswechsel im Schwungverlauf
– fast gestreckte Außenseite	– eingeknickte Außenseite
– Kurvenlage durch Kippen aus der Hüfte	– Kurvenlage durch verschiedene Aktionen
– kein Hüftknick	– häufiger Hüftknick
– Hüfte als Motor der Bewegung	– Hüfte als Widerlager

Arme

– Armzug außen	– Gegendrehen der Schulter und beider Arme
– beide Arme öfter vorne	– beide Arme selten vorne
– Stockeinsatz später	– Stockeinsatz früher

Vergleich von Diagonal- und Beinspieltechnik

Versucht man schematisch die Diagonal- und die Beinspieltechnik in vielen Punkten zu vergleichen, so wird nicht nur an einigen strukturellen Merkmalen wie der Kreuzkoordination der große Unterschied der Techniken bewußt, sondern auch an der Fülle und an den weitreichenden Auswirkungen im Detail (siehe Abb. links).

Verträglichkeit und Leichtigkeit der Diagonaltechnik

Abgesehen davon, daß die Diagonaltechnik dem Muster der Alltagsmotorik des Gehens und Laufens ziemlich nahe kommt, ist sie auch im orthopädischen Sinn sehr gut verträglich. Im Vergleich zur Beinspieltechnik fallen weg: Kniekurbel, seitliche Kniebela-stung, Verdrehen der Lendenwirbelsäule, Abknicken der Lendenwirbelsäule.

Aus dem Hüftcanting, dem seitlichen Abschwenken der Beine gegen die Hüftquerachse, sind keine speziellen Belastungen zu erwarten. Entscheidend bleibt, daß die Wirbelsäule in der Regel aufrecht und nahezu unverdreht auf der Hüftachse aufruht.

Die Erfahrungen mit der Diagonaltechnik bei Freizeit- und Gelegenheitsskiläufern sind überaus positiv. Meistens wird beispielsweise die Herauslösung des Außen- oder Talarmes aus der Gegenposition als Befreiung empfunden. Alle Merkmale der Diagonaltechnik können schnell verwirklicht werden. Als Erklärung hierfür bietet sich die These von der noch perfekteren Übertragung der Alltagsmotorik an. Weiter fällt auf, daß die Stellung mit über Kreuz geführten Armen und Beinen eine hervorragende Balancestellung ist.

139

Sicherheit, Verträglichkeit, Schwierigkeit

Für diese Beurteilungen wird vorausgesetzt, daß die Techniken sicher beherrscht werden. Ebenso wird angenommen, daß sie in dem für sie geeigneten und vorgesehenen Geländebereichen und Schneearten gefahren werden.

SICHERHEITSBEURTEILUNG nach den Kriterien **Spurgenauigkeit** **Reaktionsfähigkeit** **Störanfälligkeit**	**1**
VERTRÄGLICHKEITSPRÜFUNG nach den Kriterien **Ermüdung** **Verschleiß** **Verletzungsgefahr**	**2**
SCHWIERIGKEITSTESTAT nach den Kriterien **Lernaufwand** **Stabilität des Könnens** **Konditionsanspruch**	**2**

Benotung: sehr gut – mangelhaft; 1–5

Sicherheit
Höchste Spurgenauigkeit, gute Reaktionsfähigkeit im Schwungansatz und äußerst geringe Störanfälligkeit sprechen für diese hohe Wertung.

Verträglichkeit
Da jeder Schwung schneidend angesetzt wird, muß er auch mit hohem Krafteinsatz gefahren werden. Dabei sind keine Verschleißerscheinungen zu erwarten.

Schwierigkeit
Der Lernaufwand ist nicht groß und die Stabilität des Könnens gut gesichert. Der konditionelle Anspruch knüpft direkt an die «Alltagskondition» an.

Emotionale Dimension der Diagonaltechnik

Die Bewegungsgefühle der Diagonaltechnik sind durch die Dynamik der Bewegung und den intensiven Kontakt zum Ski geprägt. Hier knüpft diese Schwungtechnik auch an die Fertigkeiten des Bogentretens und des Schlittschuhschrittes an. Der Fahrer bekommt die Rückmeldung, aktiv und bestimmend zu sein. Die Sicherheit des Gelingens, die diese Technik bietet, der dramatische Geschehensablauf und die deutlichen energetischen Prozesse hinterlassen ein Gefühl der Stärke und des Starkseins, der Sicherheit und der Souveränität.

Die Tatsache, den Ski bei dieser Technik in keinem Augenblick überlisten zu müssen, sondern im Gegenteil sich immer voll darauf einstellen und darauf verlassen zu können, fördert die direkten Skigefühle als Gefühle für das Gerät. So kann bald das Gespür für die speziellen Eigenschaften und die spezielle Eignung des Ski wachsen, wie beispielsweise für seine Dreheignung, sein Haltevermögen, seine Selbststeuerung und schließlich für seine Eigenschaften der Informationsvermittlung über Schnee und Gelände.

Ästhetische Dimension der Diagonaltechnik

Dem Zuschauer präsentiert sich die Diagonaltechnik als eine Fahrweise, die von Dynamik und Sportlichkeit geprägt ist. Hier werden Bewegungsmerkmale sichtbar, die mit Aktion, Kraft, Spritzigkeit, Bestimmtheit, Aktionslust, Offensive und ähnlichem umschrieben werden könnten.

Besonders bestimmt diese Eindrücke der energische, dynamische und doch langanhaltende Schritt. Das hochgerissene Innenbein macht dies deutlich. Aber auch die Betonung der Körperbahn aus einem Hüftkippen heraus verändert das gewohnte Bild von Sportlichkeit und Dynamik des Schwingens. Alles wirkt um einige Grade kühner und riskanter.

Zu Recht wird die Beinspieltechnik eben als ein Spiel der Beine bezeichnet. Im Vergleich dazu drängt sich für die Diagonaltechnik ein anderes Bild auf: Schwingen mit dem Schwung der Hüften und Schwingen aus dem Körperzentrum heraus. Dies wird allerdings nicht wie bei Rotationstechniken und wie beim Gehen als ein Schwung nach außen angesetzt, sondern ist ins Zentrum der Kreisbewegung gerichtet. Das gibt diesem Schwung der Hüften den Charakter des Offensiven und Aggressiven.

Schon der bisherigen Umsteigetechnik im Rahmen der Beinspieltechnik haftete das Flair der Sportlichkeit an. Mit dem Diagonalschritt und der zentralen Körperarbeit wird das, was als sportlich empfunden wird, neu konturiert.

Schwünge der Diagonaltechnik

Da das Schwingen durch die Entwicklung des Gerätes immer leichter geworden ist, entfällt ein wichtiger Grund, einen Schwungmechanismus in möglichst viele Schwünge auszudifferenzieren. Ein zweiter Grund, der Beschränkung auferlegt, ist die Tatsache, daß die Diagonaltechnik jung ist und bisher hauptsächlich im Rennlauf gefahren wurde.

Schließlich drängt die Form des Diagonalschrittes selbst nicht nach zahllosen Abwandlungen und Modifikationen.

1. Der *Diagonalschwung in Grundstruktur*, der mit einem mehr oder weniger offenen Schritt gefahren wird, deckt zunächst die parallelen Formen eines Seitschrittes ab. Da der Diagonalschritt leichtfällt und in seiner Eigendynamik variiert werden kann, verlieren auch die Stemmformen des Schrittes an Bedeutung.

2. Der *Diagonalschwung mit Schere* besitzt eine eigene Charakteristik. Der Schritt hat Schärfe und Aggressivität und verändert den anfänglichen Richtungsverlauf.

3. Das *Diagonalkurzschwingen* kommt den Bedürfnissen nach Bewegungslust entgegen und deckt das Fahren nahe der Fallinie ab.

Diagonalschwung (Standard)

Herkunft und Bedeutung

Diagonale Schwungansätze sind seit langem bei sehr guten Fahrern zu beobachten. Der Kippstangenslalom führte schließlich zur Ausformung dieser Technik. Die Anlehnung an die Alltagsmotorik des Gehens und Laufens, das Agieren aus der Körpermitte, das konsequente Eingehen auf die Ski und die leichte Erlernbarkeit erweisen sich als ihre großen Vorzüge.

Lernen und Schwierigkeit

Das Lernen «auf Anhieb», also der direkte Versuch, dürfte in diesem Falle häufig erfolgreich sein. Hilfreich kann auch ein mehrmals angesetzter Diagonalschritt in der Schrägfahrt sein. Schließlich kann man auch aus flotten Gehschritten in der Schrägfahrt quer über den Hang direkt in den Schwung hineingehen. Man macht mehrere Schritte mit ausgeprägten Skiverschiebungen (ohne Anheben) und ausgeprägtem Armpendeln, um dann beim vierten oder fünften Schritt ganz energisch auf den oberen Ski zu steigen, die Hüfte und die Kanten zu wechseln.

Der Diagonalschwung wird als «leicht», als «natürlich» und als «effektiv» empfunden. Das sollte zu einer hohen Wertschätzung führen. Seine große Rolle innerhalb der Renntechnik unterstreicht seine Bedeutung. Nicht zuletzt muß gesehen werden, daß die Diagonaltechnik bei aller Sportlichkeit physiologisch und orthopädisch ausgesprochen schonend ist.

SICHERHEIT	1
VERTRÄGLICHKEIT	1
SCHWIERIGKEIT	2

Sicherheit und Verträglichkeit

Alle Diagonalschwünge haben den Sicherheitsvorteil des Gleitens auf der Kante, da fast der ganze Schwung «schneidend» gefahren wird. Wer jedoch ein zu offensives Kippen aus der Hüfte praktiziert und ein zu hohes Bahnsplitting wagt, wird ein gewisses Sturzrisiko heraufbeschwören.

Die gute Verträglichkeit des Diagonalschwingens beruht auf der Nähe dieser Bewegungen zur Alltagsmotorik des Gehens und Laufens. Wer allerdings nach dem Diagonalschritt ein zusätzliches unteres Beinspiel (Kniekurbel) favorisiert, nimmt ungünstige Belastungen des Kniegelenks in Kauf.

Bewegungsgefühle

* Ich steige in den Schwung hinein.
* Ich stürme in die Kurve.
* Ich verlasse mich voll auf den Ski.
* Den Ski von Anfang an unter Druck halten!
* Kein Augenblick ohne Kantenbiß!
* Mit Schwung den Schwung beginnen.
* Steigen – Kippen – Schweben.

Diagonalschwung (Standard)

Bewegungsbeschreibung

Der Verlauf entspricht der Phasen- und Aktionsanalyse. Nicht alle Aktionen jedoch werden bei jedem Diagonalschwung voll entwickelt. Im folgenden werden die Aktionen zusammengefaßt.

● Druck- und Schrittaufbau
Am Ende des vorhergehenden Schwunges wird je nach Absicht auf dem Außenbein (unteres Bein) Druck aufgebaut und der Schrittabstoß vorbereitet.

● Diagonalschritt
Der Schritt kommt aus der Diagonalposition des vorherigen Schwunges: Talbein zurück – Talarm vorn, Bergbein vorne – Bergarm zurück.

Im energischen Schrittwechsel ändern sich nun alle Positionen über Kreuz: Das Talbein schwingt vor-hoch, der Talarm pendelt mit dem Stockeinsatz zurück. Das Bergbein fällt zurück, der Bergarm schwingt vor. Mit dem Schritt ist auch der Belastungswechsel vollzogen.

● Positionswechsel: Noch während Arme und Beine ihre Stellung wechseln, ändert sich rasch die Einstellung der Hüften von einer Diagonalposition zur andern. Diese neue Einstellung wird durch den ganzen Schwung beibehalten. Durch Schritt- und Positionswechsel wechseln auch bereits die Kanten.

● Kippen und Bahnsplitting: Während die Ski auf den neuen Kanten bereits drehen, kippt der Fahrer aus den Hüften heraus über die Ski hinweg auf die neue Körperbahn. Dieser Wechsel kann durch Beugen, Strecken oder Durchhocken unterstützt werden.

● Ski- und Körperführung: Durch Kippen und Hüftcanting hat sich der ideale Kantwinkel ausgeprägt. So können die Ski mit den Beinen weitergeführt, die Körperbahn aus den Hüften heraus ausbalanciert werden. In dieser Phase wird der Innenski wieder aufgesetzt.

● Abfangen: Dazu muß der Ski günstig unter dem Körper plaziert werden, was häufig ein «Unterfahren» bedeutet. Letzteres sichert auch wieder das volle Gleichgewicht und erlaubt den Druckaufbau für den nächsten Diagonalschritt.

Diagonalschwung mit Schere

Herkunft und Bedeutung

Das Aufscheren ist eine alte Skikunst. Das Scheren mit Schritt und anschließendem Schwingen jedoch gibt es erst seit der Umsteigetechnik. Dort blieb es jedoch immer ein Sonderfall, weil es sich nicht ganz in das Schema Beinedrehen-Rumpfgegendrehen pressen ließ. Der Scherschritt als Diagonalschritt gilt seit langem als günstigste Schwungeinleitung im Riesentorlauf.

Lernen und Schwierigkeit

Aus dem Bogentreten zum Hang, aber noch besser aus dem Schlittschuhschritt heraus, entwickelt sich der Diagonalschwung mit Schere wie von selbst. Nicht am steilen Hang, der zur Vorsicht und zum Bremsen nötigt, üben. Das weite, flache Gelände fordert zum Scherschritt mit Beschleunigen direkt heraus.

Die höchste Herausforderung für ein gutes Diagonalschwingen mit Schere ist ein kleiner Riesentorlauf. Diagonalschwingen mit Schere im leichten Gelände kann Verkrampfungen lösen.

Schwingen mit Scherstellung ohne eine Schrittauslösung existiert als der alte «Scherenkristiania» oder als Klammerschwung.

Sicherheit und Verträglichkeit

Der Diagonalschwung mit Schere hat zwar einen verzögerten Schwungansatz, dies führt jedoch nicht zu einer

SICHERHEIT	**2**
VERTRÄGLICHKEIT	**2**
SCHWIERIGKEIT	**3**

Spurungenauigkeit. Die insgesamt positive Einschätzung diagonaler Schwünge hinsichtlich ihrer Sicherheit und Verträglichkeit gilt auch hier. Allerdings sollte der scherende Diagonalschritt wegen seiner Explosivität und Weite untrainierten Personen nicht zugemutet werden, da es dabei zu Zerrungen, zumindest aber zu schneller Ermüdung kommen könnte.

Bewegungsgefühle

* Ich explodiere!
* Jeder Schritt ist wie eine Entladung.
* Der Außenski bekommt durch den Schritt eine Beschleunigung.
* Da sind zwei Kraftakzente: Abdruck und Zug.
* Der Schritt ist raumgreifend.
* Schärfe und Kraft liegen in diesem Schwung beieinander.
* Ein Gefühl der Stärke begleitet dieses Schwingen.

Diagonalschwung mit Schere

Bewegungsbeschreibung

- Der Druck wird aktiv aufgebaut durch
  - belastendes Beugen der Beingelenke,
  - «Ankanten» als Fußrotation (Pronationsgriff, Großzehengriff),
  - «Verlagern» des Gewichts völlig auf den Abstoßski.
- Auch mehr taktische Maßnahmen können gewählt werden:
  - «Unterfahren» als ein Ziehen der Ski unter den Körper,
  - «Hochziehen» der Spur als ein Hinlenken zum Hang.
- Die Schere kommt zustande durch:
  - ein Aufscheren am Ende des vorhergehenden Schwunges,
  - ein aktives Hinausheben des kommenden Außenski.
- Der Schritt ist sehr ausgeprägt:
  - durch seine Weite,
  - durch die sichtbar werdende Schnellkraft.
- Der Positionswechsel verläuft leicht verzögert, bedingt
  - durch den großräumigen Schritt,
  - durch die meist große Kurve.
- Der Kantenwechsel ist abhängig davon, ob
  - der neue Außenski erst auf die Außenkante,
  - oder ob er gleich auf die Innenkante aufgesetzt wird.
- Das Kippen aus der Hüfte
  - geht über einen weiten Weg,
  - erfolgt mit großer Wucht.
- Das hohe Bahnsplitting
  - betont die Körperbahn,
  - entspricht einem «Schweben».

Diagonalkurzschwung –
Diagonalwedeln

Herkunft und Bedeutung

Der Diagonalkurzschwung und das Diagonalwedeln sind kurze, rhythmisch aneinandergereihte Formen des Diagonalschwingens. Ohne den Mechanismus des Beinedrehens-Rumpfgegendrehens kann allerdings nicht die äußerst rasche Schwungfolge wie beim Wedeln erreicht werden. Dafür haben Diagonalkurzschwünge alle Vorteile eines auf der Kante gezogenen Schwunges.

Lernen und Schwierigkeit

Das Erlernen des diagonalen Wedelns und Kurzschwingens setzt eine gute Beherrschung der Diagonaltechnik voraus und erfordert die allgemeinen Fähigkeiten des Anpassens und der Elastizität sowie ein gutes Rhythmusgefühl.

Eine gute Hilfe bietet eine Trainingsvertikale mit kniehohen Stangen.

SICHERHEIT	**2**
VERTRÄGLICHKEIT	**1**
SCHWIERIGKEIT	**3**

Sicherheit und Verträglichkeit

Das Diagonalschwingen als Wedeln erreicht die positive Sicherheitsbeurteilung des Wedelns mit Beinspiel nicht ganz, weist aber auch die Merkmale der Reaktionsschnelligkeit und Wendigkeit auf.

In der Verträglichkeit dagegen darf diagonales Wedeln und Kurzschwingen mit dem klassischen Wedeln und Kurzschwingen nicht verglichen werden. Es kommt zu keinen Sonderbelastungen der Knie und der Lendenwirbelsäule.

Bewegungsbeschreibung

Der Diagonalkurzschwung verläuft genauso wie die Standardform des Diagonalschwingens, nur werden hier alle rhythmischen Elemente verstärkt.

- Die gegenläufige Bewegung von Außenarm und hochsteigendem Innenbein wird akzentuiert und leicht übertrieben.
- Die gegenläufige Pendelbewegung der Arme wird deutlich sichtbar betont.
- Der Stockeinsatz richtet sich deshalb mehr nach hinten und erhält einen «treibenden» Charakter.

Bewegungsgefühle

- ✳ Die Arme führen den Schwung.
- ✳ Arme und Beine pendeln gegeneinander.
- ✳ Von den Hüften geht der Druck auf die Kanten.
- ✳ Die Kanten werden Schwung für Schwung gesetzt.
- ✳ Alles ist Rhythmus: Kanten, Beine, Arme.

Spitzen-
technik

Beinahe alle Skilehrbücher und Skilehrpläne tun so, als ob gutes Skifahren
allein darin bestünde, immer mehr und
immer schwierigere Techniken zu erlernen. Vielfach ist der Skiunterricht
entsprechend. Gäbe es nicht den Anreiz der Geschwindigkeit, des Gelän-
dewechsels und verschiedener Schneearten – aber auch der Vorbilder, so
würde wahrscheinlich das Skifahren in
sterilen, strengen und schematischen
Formen erstarren.

Im folgenden werden Maßstäbe für gutes Skifahren überhaupt und Qualitäts-
merkmale guter Bewegungsabläufe
besprochen. Diese Überlegungen
münden in Fragen, die man sich an-
hand guter Vorbilder, wie sie beispielsweise Fernsehübertragungen liefern,
stellen sollte.
Darüber hinaus kann diese Betrachtungsweise helfen, sich den jeweils ak-
tuellen Spitzenfahrern zu nähern und
aus deren Fahrweise Gewinn für das eigene Skifahren zu ziehen.

Gutes Skifahren – Gütemaßstäbe und Bewegungsqualitäten

Bewegungskoordination

Die Bewegungskoordination ist ein umfassender Gütemaßstab zur Beurteilung einer Bewegungsausführung. Werden die vorhandenen Bedingungen berücksichtigt? Ist die Ausführung zeitlich gut strukturiert (timing)? Ist die Bewegung räumlich gut gegliedert? Ist die Kraftverteilung angemessen? Während die Harmonie mehr das rein äußere Bild auf Ausgewogenheit, Eleganz, Gefälligkeit, Präzision und Elastizität erfaßt, sagt das Urteil «gut» für die Bewegungskoordination eigentlich fast alles über die Technik aus.

Diese grundsätzliche Bewertung einer Bewegung läßt sich leichter in Idealsituationen als in rennmäßigen Anwendungen durchführen, da hier die Störfaktoren gering sind, die Realisierungsbedingungen annähernd gleich bleiben und man nicht an die Leistungsgrenzen gehen muß. Dennoch geht auch hier dieser Bewertungsmaßstab über die Beobachtung rein äußerer Bewegungsmerkmale hinaus. Speziell beim Skifahren, bei dem ein Schwung doch über 10 Meter und mehr laufen kann, eine Ablaufdauer von 1 bis 2 Sekunden die Regel ist und die Kraft an ganz bestimmten Punkten der Auslösung und Steuerung wirksam sein muß, treten die Einzelbewegungen deutlich hervor, lassen sich die Phasen gut erkennen und schließlich auch aus Verlauf und Ergebnis eine energetische Bilanz ziehen.

Bei *Rennbeobachtungen* sollte man sich fragen:

▶ Wer zeigt uns besonders klar gegliederte Bewegungen?

▶ Bei wem geht die Bewegungsstruktur für den Beobachter in Gesten und Aktionen des Kämpfens unter?

▶ Wer fährt völlig unscheinbar und doch rund und schnell?

▶ Bei wem ist der Moment der Torpassage besonders gut in den Bewegungsablauf integriert?

Gutes Gleiten

«Schönes, rundes, weites Schwingen an einem wunderschönen Hang. Relativ schnell gefahren. Ich merke, wie der Ski gleitet, und ich achte auf den Unterschied von Spannung und Entspannung im Gleiten. Ein bißchen in der Kurve anspannen, und dann zwischen den Schwüngen eine Entspannung. Gar nichts machen, sich treiben lassen. Man merkt, wie die Kräfte alles regulieren. Der Atemrhythmus macht mit. Und dann wieder dieses Gefühl des Schwebens.»

Bei der Dynamik heutigen Skifahrens wird das gute Gleiten nur noch selten bewußt und noch seltener angesprochen. Meist müssen Flachpassagen dafür herhalten, daß die Fahrer in gute und weniger gute Gleiter unterteilt werden. Das aber wird diesem Grundkönnen des Skifahrens und den heutigen Erscheinungsformen guten Gleitens nicht gerecht.

Gutes Gleiten ist vor allem auch ein Ergebnis der Optimierung der Skieigenschaften Drehfreudigkeit, Kantengriff, Richtungsstabilität, Eigendämpfung, Kräfteausgleich, Selbstführung und anderer. Ein Hersteller hat dafür einmal das Kunstwort «SKINETIK» aus Ski und Kinetik geprägt. Damit wurde auf das Zusammenspiel von Skieigenschaften und Bewegungsabsichten verwiesen. Alle diese weit entwickelten Fahreigenschaften der Ski sind der Grund, warum wir heute Bilder vom Gleiten, besonders vom Gleiten in den Kurven, erleben können, wie sie vor Jahrzehnten nicht denkbar waren.

Mit der Diagonaltechnik wurde eine zunächst letzte Steigerung des Gleitens im Schwingen gefunden. Der entschiedene Schritt, der rasche Wechsel von Körperposition, Skistellung und Kante und die neue dynamische Gestaltung von Skispur und Körperbahn ergeben ein neues Bild des Gleitens. Der Traum vom «schneidenden Fahren» im Schwung hat sich beinahe erfüllt.

Zur Beobachtung kann man den Blick lenken auf:

▶ Wer macht im Rennen auf Flach- und wer in Steilpassagen seine Zeit?
▶ Wer vollzieht den Kantenwechsel besonders schnell?
▶ Wann, wie lange und wie heftig spritzt der Schnee bei den verschiedenen Fahrern auf?
▶ Wann kann man den Fehler beobachten, daß ein Fahrer den Ski zu stark quer stellt?
▶ Wer zeigt eine aerodynamische Form?

Standsicherheit

«Was mich an der Abfahrt reizt? Das Spiel mit der Geschwindigkeit, das variierte Fahren, die kleinen Sprünge – Schwerelosigkeit. Und man muß es ein bißchen schießen lassen! Wenn ich dabei noch das Gefühl habe, es kann nichts passieren, dann fühle ich mich unheimlich stark und sicher.»

Die Standsicherheit ist noch immer ein hoher Maßstab. Für die guten Fahrer stellt sich die Frage vor allem im Tiefschnee und in der Buckelpiste. Doch die Ansprüche und Ambitionen können recht verschieden sein.

Die meisten Skifahrer versteht man in ihren persönlichen Zielsetzungen, wenn man in Erfahrung bringt, ob sie sich selbst mehr als «Gestalter» oder «Bewältiger» interpretieren. Während die Gestalter mehr der formvollendeten Technik nachjagen, stellen sich die Bewältiger immer neuen und immer höheren Schwierigkeiten des Geländes, des Schnees und des Fahrtempos. Damit bleibt für sie der Maßstab der Standsicherheit immer aktuell.

In der Ära des Pistenskilaufes reichen die Inhalte des Begriffes Standsicherheit nicht mehr aus, um alle Sicherheitsnotwendigkeiten abzudecken. Unsicher fährt heute vor allem jemand, der Kollisionen herbeiführt oder ihnen nicht im letzten Moment ausweichen kann. Unsicher verhalten sich auch Skifahrer, die «bis zum Umfallen» in einen hohen Ermüdungszustand hineinfahren. Hier wird sichtbar, daß viele technische Gütekriterien durchaus von taktischen Maßstäben und von der allgemeinen Einstellung berührt werden.

Bei Rennen kommt der alte Maßstab der Standsicherheit wieder im ursprünglichen Sinn zur Geltung. Wer strauchelt oder stürzt, hat verloren. Auch ein «Beinahesturz» bedeutet in der Regel einen Rückfall um viele Plätze. Für den Beobachter sind die Fragen nach den Ursachen immer interessant:

► Hatte der Fahrer Schwierigkeiten mit dem Gelände, vor allem mit den Übergängen?

► Haben sich Eisplatten, Schneeaufschübe, Rinnen und Wannen gebildet?

► Kam es zum Einfädeln oder zum Hängenbleiben an Toren?

► Wurde von der Spuranlage und vom Tempo her zuviel riskiert?

► Ließ die Kraft nach?

► War es eine Konzentrationsschwäche?

Geländegängigkeit

«Einen Tobel fahren ist der totale Genuß. Dieses half-pipe-Fahren gibt ein unheimlich schönes Gefühl. Du gleitest voll in den Muldengrund hinein, wirst voll komprimiert. Du legst dich hinein in die Kurve, du kannst dich gegen den Hang legen, du liegst ganz weit drinnen und wirst trotzdem noch mit Druck in den Schnee gepreßt. Ein unheimlich schönes Gefühl. Dann wirst du herauskatapultiert und kannst die Schwünge am Grat springen.»

Kinder und Jugendliche suchen gerne an Pistenrändern zusätzliche Schwierigkeiten. Wo muß man ein Hindernis umrunden? Wo könnte man einen Sprung ansetzen? Wo läßt sich eine Wellenbahn einschleifen? Ganz allgemein waren die Steilheit des Hanges, Geländeformen wie Gräben, Kanten,

Buckel und Mulden schon immer eine Herausforderung und die Art ihrer Bewältigung ein Maßstab für gutes Skifahren. Dieser Maßstab ist plausibel und unmittelbar einleuchtend.

Autobahnähnliche Pisten nehmen heute den Anreiz der Könnenssteigerung über das Gelände weg. Doch auch die gängigen Pistenklassifikationen nach Farben spornen noch genug an. Entwickelt man dazu das Auge und das Gespür, wie sich die Geländeschwierigkeiten je nach Schneebeschaffenheit, Temperatur, Licht und Sichtverhältnissen ändern, so gewinnt man auch wieder einen differenzierten Maßstab für die Geländegängigkeit.

Für Rennbetrachtungen kann man sich folgende Beobachtungsaufgaben stellen:
▶ Wo sind Geländeübergänge und wie reagieren Fahrer darauf?
▶ Welche Fehler werden bei Geländeänderungen gemacht?
▶ Wie machen Spurrinnen den Fahrern zu schaffen?
▶ Wie werden Kanten und Wellen im Sprung genommen?
▶ Wer beherrscht das Vorspringen, mit dem der Fahrer schon vor der Kante abspringt, um eine kürzere und flachere Flugbahn zu erzielen?
▶ Welche Stellen bringen den Fahrer aus dem Rhythmus?

Repertoiregröße

Ein seit etwa 1970 sehr verbreiteter Maßstab ist die Frage nach dem technischen Repertoire des Fahrers. Wie viele Schwungtechniken beherrscht er? Rennfahrer wählen ihre Schwungtechniken nach dem Gesichtspunkt der Effektivität und kommen deshalb mit verhältnismäßig wenigen aus. Freizeitskifahrer aber, unter ihnen besonders die Stilisten, schätzen ihr eigenes Können und das der anderen gerne nach der Menge an Schwungformen ein.

Dieser Maßstab führt allerdings oft zu Fehlentwicklungen. Nicht wenige Skifahrer erlernen eifrig Schwungform auf Schwungform, ohne noch Zeit zu haben, diese tatsächlich anzuwenden und den eigentlichen Gütemaßstäben zu unterwerfen. Das wiederum aber zwingt sie, nur Idealverhältnisse aufzusuchen und den Schwierigkeiten des

Schnees, des Geländes und der Geschwindigkeit aus dem Wege zu gehen. Von solchen Fehlentwicklungen abgesehen, kann die Größe des technischen Repertoires durchaus auch ein Indiz für die Begabung und Lernfähigkeit eines Skifahrers sein. Außerdem geht sie häufig Hand in Hand mit einer spielerischen Einstellung zum Skilaufen überhaupt und unterstützt die ästhetische Ausdrucksfähigkeit und den Willen zu einer ausdrucksstarken Bewegungsgestaltung.

Bei Spitzenläufern der Weltklasse ist es interessant zu beobachten:
▶ Wie verschieden groß ist das Repertoire einzelner Fahrer?
▶ Welche Schwungformen wenden die Fahrer in besonderen Situationen an?

Kraft

«Sich vom Hang lösen, mit voller Kraft und einer Einheit zwischen Körper und Ski durch den dicksten ‹Müll› fahren und beim Strecken einfach den geballten Schnee wegschieben.»

Alpines Skifahren stellt für ein paar leichte Abfahrten keine großen konditionellen Anforderungen, vorausgesetzt, die Technik stimmt einigermaßen. Ganz anders ist die Situation jedoch für alle diejenigen, die anspruchsvolles Gelände und schwierigen Schnee beherrschen wollen oder die eben zum guten Skifahren oder gar zum Rennlauf vordringen wollen. Niemand kann das, ohne über ausreichende Kraft und Schnellkraft sowie über eine gute Kurzzeitausdauer zu verfügen. Leider plagen sich viele mittelmäßige Skifahrer ehrgeizig mit Technikfragen herum, ohne zu merken, daß ihr Fortschritt an den konditionellen Voraussetzungen scheitern muß. Auch manche eingeschliffenen Fehler können nur auf einer neuen, besseren Konditionsbasis überwunden werden.

Ob ausreichend Kraft vorhanden ist, läßt sich meist schon an bestimmten Fahrmerkmalen beobachten: Wird viel gerutscht oder wird der Ski energisch geführt? Geht der Ski manchmal durch? Ruht sich der Fahrer auf seinen Schuhspoilern aus? Kommt er aus einer Rücklage nicht mehr vor? Wirkt auch eine schnellere Fahrt noch ruhig und souverän?

Ein großes Problem für kraftvolles Skifahren stellt die *Beinspieltechnik* dar. Wer mit stark gebeugtem und seitlich geknicktem Knie, mit Rumpfverwringung und Hüftknick auf dem Ski steht, kann zwar Kraft haben, aber er bringt sie nicht mehr auf den Ski. Die optimalen Kraftlinien sind zu weit verlassen, und die großen Muskeln und Muskelschlingen des Rumpfes werden für das Gegendrehen in Anspruch genommen oder davon blockiert.

Beobachtungen der «Kraft» bei Spitzenfahrern sind in der Regel nicht einfach. Nur beim Abfahrtslauf sieht man gelegentlich, daß manche Fahrer die tiefe Fahrstellung bis zum Schluß konsequent durchhalten, andere aber

nicht. Viel häufiger rufen in uns bestimmte Körperhaltungen und Körper-
silhouetten den Eindruck der Kraft
hervor.

In diesem Sinne sollte man sich fragen
und beobachten:

▶ Welche Fahrer wirken leicht,
geschmeidig, quirlig?

▶ Welche Fahrer wirken kraftvoll,
vital und zupackend?

▶ Wann und bei wem lassen sich
Situationen beobachten, die auf
ein Nachlassen der Kräfte schließen lassen?

Eleganz

«Helmut fährt immer sehr kontrolliert, mehr flüssig; er gleitet. Es sind keine Haken und keine
Ecken darin. Er schmiegt sich an die Buckel, und es sieht genauso aus, als wenn ein Wiesel
über Steine rennt. Sehr ökonomisch, sehr elegant, ohne eine überflüssige Bewegung. Es ist
ein Genuß, ihm zuzuschauen.»

In den 30er Jahren galt der «Reine
Schwung», bei dem die Ski immer parallel geführt werden, als besonders elegant. Man konnte sich allerdings noch
etwas steigern, wenn man einen Reinen Schwung mit Vorlage fuhr und damit die Entschlossenheit zum Tempo-
machen ausstrahlte. Man fuhr dann

eben den Temposchwung, den Renn-schwung, so wie der offensichtlich un-besiegbare Toni Seelos. Als dem der neue Weltmeister von 1937 Emile Allais noch eines draufsetzte und zur Vorlage noch die Ski hinten zum Gesäß hochriß (ruade), ergab dies ein Bild von außerordentlicher Kühnheit und Eleganz. Dieses neue Idealbild konnte erst wieder korrigiert werden, als man lernte, die Beine gegen den Körper zu verdrehen und sich dabei ganz aben-teuerlich nach außen zu lehnen. Und diese neue Fahrweise ließ sich in sich noch steigern, indem man wedelte, d. h. die Schwünge ganz schnell, kurz und rhythmisch aneinanderreihte.

Die Bewertung darüber, was elegant ist, hängt zum guten Teil von individu-ellen Ansichten, von Strömungen und Moden ab. Dennoch gibt es auch rein technische Voraussetzungen. Miß-glückte oder auch nur leicht gestörte Bewegungsabläufe beispielsweise müssen in jedem Fall auf das Prädikat elegant verzichten. Kraftvolle und sehr dynamische Aktionen sind keine not-wendigen Indizien für Eleganz. Dage-gen passen runde Bewegungsabläufe und geschmeidige Bewegungen sehr viel eher zum Bild des eleganten Ski-fahrens.

Das alles verweist darauf, daß die Ele-ganz nicht unbedingt eine Bewegungs-qualität des Rennfahrers sein wird. Dagegen wird sie immer ein Kriterium für eine bestimmte Ausprägung hohen Könnens beim Skifahrer bleiben.

Die Beobachtung von Spitzenfahrern sollte in den Fragen münden:
▶ Wer wirkt ausgesprochen elegant?
▶ Warum erwecken diese Fahrer den Eindruck der Eleganz?
▶ Wo liegen die Hauptqualitäten weniger eleganter Fahrer?

Harmonie

«Wenn der Punkt kommt, an dem alles stimmt, verfliegen dem Kopf alle Sorgen und Ängste. Man fühlt sich als Mittelpunkt der Erde.»

Wer seine Idee vom Fahren, seinen Plan einer guten Spur, die Aktivierung seines Könnens, die Ausnutzung des Geländes, das Eingehen auf den Schnee und den Wunsch eines bestimmten Tempos in allen Punkten gut umsetzt, fährt harmonisch. Alles ist ausgewogen berücksichtigt und geglückt verwirklicht.

Offensichtlich haben aber die Fahrer bereits auf einem viel niedrigeren Niveau das Empfinden von Harmonie als die Zuschauer. Letztere sind nicht von eigenen Bewegungsgefühlen getragen, sondern urteilen rein nach visuellen Wahrnehmungen. Ähnlich unbestimmt ist der Maßstab der Harmonie, wenn man selbst feststellen muß, daß das eigene Harmonieempfinden mit steigendem Können und wachsender Erfahrung immer höheren Ansprüchen unterworfen wird.

Bei aller Offenheit der Frage, was Harmonie ist, wird das Streben danach bei vielen Fahrern zu einem immer wichtigeren Gütemaßstab für Technik und Taktik und damit ein starker Antrieb für die eigene Weiterentwicklung.

Im Wettbewerb spielen der Erfolgsdruck und damit der kämpferische Einsatz und die Bereitschaft zum Risiko eine so entscheidende Rolle, daß der Gütemaßstab der Harmonie zurücktritt. Dennoch wirken auf den Zuschauer manche Fahrten harmonischer als andere. Dies dürfte immer dann so sein, wenn es zu keinen Fehlern, zu keinen harten Aktionen, zu guten Übergängen im Tempo, zu einer runden Fahrlinie und zu einer guten Anpassung der Technik an die Geländesituationen kommt.

Die harmonische Fahrt wird so zum allgemeinsten Beurteilungsmaßstab überhaupt.

Zur Beobachtung kann man sich die Fragen stellen:
▶ Welche Fahrer wirken harmonisch und welche unharmonisch?
▶ Welche Eigenschaften im einzelnen rufen diese Eindrücke hervor?
▶ Welche Kurse oder Fahrabschnitte machen eine harmonische Fahrt leicht oder umgekehrt schwer?

Taktik

Man kann beim Skifahren vier taktische Ebenen unterscheiden: Technikwahl, Schwungausführung, Spurplanung, konditionelle Planung.

Die Taktik der Technikwahl

Zum großen Können eines Läufers gehört es, daß er über ein gewisses Repertoire von Schwungtechniken verfügt. In der Regel wird er eine bestimmte Technik fahren, aber in besonderen Situationen auch einen Spezialschwung heranziehen. Ein gutes Beispiel hierfür ist der Ausgleichschwung, den viele Läufer bei einer Richtungsänderung über eine Bodenwelle einsetzen.

Die Taktik der Schwungausführung

Um längere oder kürzere Schwungkurven zu erzielen, um mehr oder weniger Kraft auf den Ski zu bringen oder um während des Schwunges das Gelände auszugleichen, verändert der Fahrer kurzfristig die Struktur seines Schwunges. So kann er den Auslöseschritt verzögern und etwas in die Länge ziehen, das Kippen beschleunigen, eine Hoch- und Tiefbewegung intensivieren, eine zusätzliche Balancebewegung der Arme machen.

Die Taktik der Spurwahl

Für den Erfolg im Rennen ist die Wahl einer guten Spur entscheidend. Sie muß möglichst direkt sein. Manchmal kann aber auch eine etwas weitere, dafür aber rundere Spur schneller sein. Mit dem Wandel der Technik im Kippstangenslalom haben auch alte Regeln wie das «frühe Schwingen» ihre absolute Gültigkeit verloren, etwa dann, wenn sehr häufig die Stangen mit den Beinen nur noch «umfädelt» werden. Auf jeden Fall aber bleibt es eine taktische Entscheidung, wie nah man an die Stangen heran und welches Risiko des Einfädelns man eingeht.

Auch muß sich der Fahrer fragen, ob er mit einer sehr engen Spur nicht einen zu harten «Bremsstoß» in Kauf nehmen muß.

Auch beim Freizeitskifahrer ist die Wahl der Spur von größter Bedeutung. Sie entscheidet über die Leichtigkeit eines Schwungansatzes beispielsweise an einer Geländekante, über das Fahrtempo, über die Sicherheit und schließlich auch über den Fahrgenuß. Eine Tiefschneespur verrät alles über das technische und taktische Können des Fahrers. Aber auch auf der Piste kann der Zuschauer beobachten, ob der Fahrer auf sich anbietende Situationen eingeht, ob er den Raum sinnvoll und abwechslungsreich erschließt und ob er letztlich über Phantasie und Kreativität verfügt.

Die Taktik der konditionellen Planung

Der Rennfahrer darf bei einem Slalom innerhalb von 50 bis 60 Sekunden, in einem Abfahrtslauf innerhalb von wenigen Minuten seine ganze Kraft ausgegeben haben. Wichtig ist nur, daß er bis zu den letzten Metern des Rennens über die notwendige Kraft voll verfügen kann. Die Situation des Freizeitskifahrers unterscheidet sich davon grundlegend; denn er soll noch nach einem langen Skitag die letzte Abfahrt ohne jeden Ermüdungsfehler gut zu

Ende bringen. Während der Rennfahrer sich durch sein Spezialtraining seiner Kräfte ziemlich sicher ist, muß der Freizeitfahrer ständig selbst überprüfen, ob er beginnt abzubauen und dabei ist, ein Sicherheitsrisiko für sich und andere einzugehen. Typische Ermüdungszeichen sind beispielsweise immer häufiger auftretende Rück- und Innenlagen, ungewohntes Verkanten und unbeherrschtes Tempo.

Der Freizeitskifahrer sollte sich vor allem einen Tagesplan zurechtlegen, der seinen konditionellen Möglichkeiten entspricht.

Dazu muß er fähig sein, Abfahrten und Situationen, die seine Kräfte übersteigen, richtig einzuschätzen und zu vermeiden. Außerdem sollte er auf Ermüdungszeichen reagieren, größere Pausen einlegen oder die Anzahl der Schwünge begrenzen.

Die Taktik der konditionellen Planung berührt auch die anderen taktischen Ebenen. Stellt man beispielsweise voll seine Kräfte für eine Situation zur Verfügung, so kann man eine kraftraubende Schwungtechnik wählen, im Schwung den äußeren Kräften gut gegenhalten und eine anspruchsvolle Spur anpeilen.

Die taktischen Ebenen des alpinen Skifahrens lassen sich bei Skirennen gut verfolgen. Man achte zum Beispiel auf:

▶ Änderungen in einer Schwungausführung
▶ spezielle Schwünge
▶ Spurwahl
▶ Krafteinsatz.

Häufig kann man die taktische Absicht der Fahrer auch als riskante Fahrweise, auf die man sich einläßt oder die man vermeiden will, beobachten.

Elastizität

«Wenn ich Kurven fahre und es gelingt gut, dann meine ich, das ist direkt ein technisches Gefühl. Wenn ich auf der Kante fahre und sie richtig spüre, die Bewegungen sind dann in solchen Schwüngen enorm weich. Dann ein Aufrichten, ein ganz weiches Aufrichten, ein ganz weiches Zusammensinken, und das durchaus mit viel, viel Druck im ganzen Körper.»

Der Skifahrer hat ständig und in hohem Maße äußere Kräfte, die auf ihn einwirken, abzufangen und abzufedern. Am deutlichsten wird dies beim sogenannten Ausgleichen, wenn eine Geländewelle oder gar eine ganze Folge von Wellen, wenn sogenannte Schläge in der Piste bewältigt werden müssen. Auch Beschleunigungen

durch Versteilungen und Eisplatten sowie Verzögerungen durch Knicke und Schneehaufen oder Tiefschnee müssen im Körper aufgefangen werden. Skistellungen, Lageveränderungen vor und zurück, Stellungsveränderung tief und hoch, vor allem aber die muskuläre Arbeit und die Pufferarbeit der Gelenke führen zu einem elastischen

Kräfteausgleich und verhindern Stürze und ungewollte Sprünge.

Es ist sinnvoll, für großräumige Abfangbewegungen vom Ausgleichen und für feine Abfederungen von elastischem Verhalten zu reden. Letzteres ist eine deutliche Bewegungsqualität des guten und erfahrenen Skiläufers. Sie rundet die Bewegungen ab und gibt ihnen etwas Selbstverständliches, Souveränes und zugleich Leichtes.

Man achte bei guten Fahrern auf:

▶ Werden sie geschüttelt und gestoßen und verlieren sie häufig den Kontakt zum Schnee?
▶ Gleiten sie gut, weil sie elastisch sind?
▶ Wie liegen die Ski bei höheren Geschwindigkeiten auf der Piste?
▶ Wie heftig oder ruhig sind die Körperbewegungen bei Geländeübergängen?

Präzision

«Er fährt korrekt. Ein Mann ohne Fehler. Manchmal hofft man, daß er doch irgendwo aus der Reihe tanzt. Aber er fährt wie eine Präzisionsmaschine. Er fährt wie ein lebender Lehrplan. Der ist so gut, daß man ihn nicht mehr beneidet.»

Lehrbücher und Skiunterricht vermitteln seit jeher möglichst genaue Normen, wie eine Bewegung abzulaufen hat. Das ist auch sinnvoll, wenn man Techniken erkennen und vermitteln will, jedenfalls bis zu einem gewissen Grad. Normen wird man mit einer möglichst genauen, einer möglichst präzisen Ausführung gerecht. Wo aber die notwendigen Freiheiten liegen, läßt sich gerade aus dem Vorbild der weltbesten Skifahrer ablesen.

Manche sind «Zauberer», weil sie ständig an der Grenze fahren. Bei anderen ist die Perfektion von Gesten des Kämpfens überlagert. Wieder andere sind Meister im Abbruch von Bewegungen. Häufig hat man auch den Eindruck, daß Fahrer auf Präzision verzichten, aber mit Kraft und Einsatz die Leistung bringen.

Da jeder Fahrer auch eine bestimmte Ausstrahlung und einen eigenen Bewegungsausdruck besitzt, hat man oft Eindrücke der Art, daß man jemand als vehementen, als ruhigen, als giftigen, als zurückhaltenden, als unberechenbaren oder auch als unorthodoxen Techniker sieht. Diese Eindrücke erschweren zwar häufig die Beurteilung der Präzision, warnen aber auch vor einer leichten und ausschließlichen Heranziehung dieses Maßstabes, wie es so oft bei Schülern und in Prüfungen geschieht.

Zur Problematisierung der Begriffe «Norm» und «Präzision» sollte man sich am Vorbild der Spitzenfahrer orientieren:

▶ Welche Fahrer sind eindeutig einer bestimmten Technik zuzuordnen?

169

- ▶ Wer von den «eindeutigen Fahrern» weicht in welchen Punkten von den allgemeinen technischen Merkmalen ab?
- ▶ Wer wird als eigenwilliger Fahrer empfunden?

- ▶ Wer fährt Schwung auf Schwung gleich und wer wechselt in den Schwungausführungen stark?
- ▶ Wer fährt weniger präzise, kompensiert dies aber durch andere Qualitäten?

Dynamik und Aggression

«Toller Schnee und tolle Piste.
Und eine aggressive Einstellung: lange Schwünge – viel Tempo!»

Wenn Fernsehkommentatoren aufstöhnen: «Der geht aber ran!», wenn die Rede davon ist, daß ein Fahrer nun endlich volles Risiko eingehe, wenn Rennfahrer sich selbst zu aggressivem Fahren provozieren, so werden in all diesen Fällen Leistungsmerkmale angesprochen, denen man sich immer nur mit Umschreibungen oder mit problematischen Begriffen wie Risikobereitschaft, Herangehen an das Letztmögliche oder eben auch mit dem Begriff der Aggression nähern kann. Gemeint ist, daß ein Fahrer seine persönlichen Möglichkeiten ausschöpft und die situativen Möglichkeiten ausreizt, daß er bis an die Grenzen geht, daß er taktische Entscheidungen trifft, die auch ein Scheitern letztlich nicht ausschließen.

Die allgemeinen Leistungsmerkmale «Dynamik und Aggression» sind auf der Ebene von Spitzenfahrern sicher immer vorhanden. Der Stempel «aggressive Fahrweise» dagegen, der uns als Bewegungsausdruck erreicht, wird persönliches Merkmal einiger weniger Fahrer bleiben.

Auch bei normalen Skifahrern ist häufig das Merkmal einer aggressiven und dynamischen Fahrweise im skitechnischen Sinne zu beobachten. Manchmal ist es eine Kompensation für fehlende andere Bewegungsqualitäten.

Es lohnt sich, das Auge dafür zu schärfen, wer aggressiv und wer ruhig fährt:
- ▶ Wodurch wirkt ein Fahrer besonders aggressiv?
- ▶ Weswegen empfinden wir einen Fahrer als ruhig?
- ▶ Fallen aggressive Fahrer öfter aus als andere?
- ▶ Gibt es Passagen, in denen viele Läufer aggressiv und Passagen, in denen viele Läufer ruhig fahren?

Konstanz

«Und er setzt Schwung für Schwung. Einen wie den andern. Mit traumwandlerischer Sicherheit. Die nächsten zwanzig sind vorauszusehen. Bis zum Ende des Hanges.»

Manche Fahrer zeigen ihr Können Schwung für Schwung, als wären sie eine Präzisionsmaschine. Sie sind Vorbild für das, was man als Konstanz der Bewegung versteht. Beim Lernenden ist es häufig so, daß nach einigen gut geglückten Schwüngen solche mit Fehlern folgen.

Aber auch Spitzenfahrer sind in der Realisierung ihres Könnens nicht stabil, so wenn sie nach einem Ausrutscher oder anderen Fehlern ihre Form verlieren.

Die Konstanz einer Bewegung zeigt also an, wie gut sie gelernt ist, aber auch wie stabil sie bei Streß ist.

Mit gewissen Schwankungen der Konstanz muß jeder Skifahrer leben. Die Hauptproblematik in dieser Sportart liegt in den stets wechselnden Realisierungsbedingungen. So ist kein Schwung wie der andere. Die Neigung des Hanges, die spezielle Formung des Bodens, die grobe Beschaffenheit der Schneeunterlage bis hin zu einem gewissen «Mikroklima» der Schneekonsistenz, abweichender Radius und Kurvenverlauf, Beschleunigungen und

Verzögerungen, die Reaktionen des Skis und die unendlichen Variationsmöglichkeiten der Bewegung lassen immer nur annähernd gleiche oder vergleichbare Schwünge entstehen.

Bei Beobachtungen von Spitzenfahrern muß man sich fragen:
▶ Wer fährt so regelmäßig wie ein Uhrwerk?

▶ Bei welchen Fahrern zittert man, ob sie ins Ziel kommen?
▶ Wer kommt oft aus dem «Rhythmus» und ist doch erfolgreich?
▶ Wer ist inkonstant wegen seines überschäumenden Temperaments oder seiner Aggressivität?
▶ Wann kann man beobachten, daß die Leistung nach einem groben Fehler abfällt?

Rhythmus

«Schwingen mit Belastungsdrehen. Tanz auf Ski. Eine unwahrscheinlich harmonische Bewegung. Ein Zweitakter auf Ski.»

Ein Schwung kann eine Viertelsekunde oder auch drei Sekunden dauern. Seine Weite kann von einem Meter bis zu 20 Metern und mehr reichen. In dieser Zeit und in diesen Räumen laufen die typischen Schwungbewegungen ab und werden die dafür notwendigen Kräfte mobilisiert. Dabei geht in der Regel ein Schwung aus dem anderen hervor, es werden bestimmte Geländeverhältnisse durchfahren, auch wird ein vorgefaßter freier Plan verwirklicht, oder es werden vorgeschriebene oder erzwungene Bahnverhältnisse eingehalten.
All das, wie Zeiten, Räume, geplante oder erzwungene Bahnen, die Bewältigungen von Gelände- und Schwierigkeiten, durch die Schwungaktivitäten und Kräfte miteinander verknüpft werden, wird als weniger oder mehr geglückt, als harmonisch oder auch als rhythmisch empfunden und beurteilt. Vor allem heftige Bewegungen, Zeitverzögerungen, offensichtliche Stö-

rungen und harte Übergänge von einem Schwung zum anderen gelten als unrhythmisch. Manchmal wird auch nur die Spur stellvertretend für alle anderen Faktoren als rhythmisch angesprochen, vor allem wenn sich eine eindrucksvolle Tiefschneespur den Hang herunterzieht.

Zur Beobachtung einer rhythmischen Fahrweise kann man sich fragen:
▶ Wird der Bewegungsablauf im Schwung gut und angemessen gegliedert?
▶ Geht ein Schwung aus dem anderen hervor?
▶ Werden die Bewegungen zum Geländeausgleich und zur Bewältigung von Eisplatten und Schneeaufschüben in die Schwungbewegungen integriert?
▶ Sind die Übergänge im Tempo weich?
▶ Gibt es eine Gesamtlinie ohne Brüche und Knicke?

Richtig ernährt
für den Wintersport

(Prof. Dr. Michael Hamm)

Die Freude an der Bewegung in frischer Luft und im Schnee sowie die reizvolle Natur der Wintersportgebiete sind sicherlich besonders motivierend, Sport zu treiben. Damit Freude, Leistung und Gesundheit in Einklang bleiben, bedarf es einiger Vorüberlegungen.

Das richtige Vorbereitungstraining, die Auswahl zweckmäßiger Sportkleidung und eines sicheren Sportgerätes sollten noch um einen weiteren wichtigen – leider oft vernachlässigten – Faktor ergänzt werden: eine vollwertige Ernährung.

Wie die Ernährung, so die Leistung – dieser Zusammenhang gilt nicht nur im Spitzensport. Schließlich machen auch Sport und Spiel in der Freizeit mehr Spaß, wenn man ernährungsmäßig gut vorbereitet ist.

Bewußte Ernährung und körperliche Aktivität (Training) sind zusammenwirkende Partner bei der Erhaltung und Steigerung der Leistungsfähigkeit. Sie sind wesentliche Bausteine für die persönliche Fitneß bzw. den sportlichen Erfolg.

Vollwertige und bedarfsangepaßte Ernährung im Sport

- schafft Energie – vorzugsweise aus Kohlenhydraten – für körperliche und geistige Leistungen,
- beugt leistungsmindernden Mangelerscheinungen an Vitaminen, Mineralstoffen und Wasser vor,
- stellt die benötigten Baustoffe (Eiweiße) für Erhaltung und Aufbau von Körpersubstanzen bereit,
- schränkt die Aufnahme von stoffwechselbelastenden Nahrungsfaktoren wie Fett, Cholesterin und Harnsäurebildnern ein,
- gleicht Nährstoff- und Substanzverluste – z. B. an Wasser, Kohlenhydraten, Elektrolyten – aus und fördert damit die Regeneration,
- stabilisiert die Gesundheit und Abwehrkräfte.

Aus diesen Zielsetzungen leiten sich folgende Anforderungen an die Sportlerernährung ab:

Kohlenhydratreiche Kost

Ca. 55–60 Prozent der täglichen Kalorien aus Kohlenhydraten, vorzugsweise komplexe ballaststoffhaltige Kohlenhydrate aus Getreide, Kartoffeln, Gemüse ergänzt durch frisches Obst und Süßes.

Kontrolle des Gesamtfettanteils der Nahrung

Täglich nicht mehr als 30 Prozent Fettkalorien, d. h. fettarme Produkte bevorzugen, sparsam mit Streich- und Zubereitungsfett umgehen, fettsparende Garverfahren wählen.

Hochwertiges Eiweißangebot

Ca. 10–15 Prozent der täglichen Energiezufuhr aus Eiweißen unter Berücksichtigung der Ergänzungswirkung von pflanzlichen Eiweißträgern wie Getreideprodukten, Kartoffeln und Hülsenfrüchten mit tierischen Proteinlieferanten wie Milch, Fisch, Fleisch und Ei.

Hohe Nährstoffdichte
Lebensmittel bevorzugen, die ein günstiges Verhältnis von Vitaminen und Mineralstoffen zum Kaloriengehalt haben, also Vollkornprodukte, frisches Obst und Gemüse, frische oder tiefgefrorene Küchenkräuter, fettarme Milchprodukte.

Genügend Trinkflüssigkeit
Nichts wirkt sich schneller leistungsmindernd aus wie ein Mangel an Wasser. Ein für Sportler geeigneter Durstlöscher sollte Wasser- und Mineralstoffverluste berücksichtigen.

Persönliche Verträglichkeit
Das «gute Gefühl um den Magen herum» ist ein ganz wichtiges Ernährungsziel für den Sportler. Dazu trägt ein auf den Sport abgestimmter Mahlzeitenrhythmus und eine persönlich bekömmliche Lebensmittelauswahl und Nahrungszubereitung bei.

Eine Ernährung, die insgesamt mehr pflanzliche Lebensmittel («dickere Scheiben Brot, dünner belegt», Kartoffeln und Gemüse als Hauptsache eines Essens) und weniger tierische Lebensmittel (Fleisch als Beilage und nicht mehr täglich) bevorzugt, kommt diesen Zielen sehr nahe. Aus Gründen der Jodversorgung kann man Sportlern sicherlich wöchentlich eine Mahlzeit mit Seefisch anraten. Milchprodukte sollten als Ergänzung der pflanzlichen Lebensmittel täglich verzehrt werden.

Das Qualitätsprinzip der Vollwert-Ernährung gilt auch für die Sportlerverpflegung: *So einfach, so natürlich, so frisch wie möglich!* Übrigens, auch Feinschmecker haben sich diese Empfehlung zu eigen gemacht.

Für Wintersportler sind im einzelnen folgende Zusammenhänge wichtig und wissenswert, um die Ernährung bewußter gestalten zu können:

1. Das richtige Energiekonzept

Für die Energiebereitstellung im Sport sind hauptsächlich die Nährstoffgruppen Kohlenhydrate (Stärke und Zucker) und Fette zuständig. Bei körperlichen Dauerleistungen (z. B. Skilanglauf und Skiwandern) werden die Glykogendepots – also die Kohlenhydratspeicher in der Muskulatur – abgebaut. Kohlenhydratreiche Kost füllt sie wieder auf.

Bei längeren Belastungen muß der Organismus auch auf seine Fettreserven zurückgreifen. Ausdauertrainierte verbessern im besonderen Maße die Fähigkeit, Fette als zweite Energiequelle zu verwerten. Sie schonen damit die «knapperen» Glykogenreserven. Dennoch sollte die Kost vor und an Sporttagen «fettkontrolliert» sein, um eine gute Anlage der vorteilhaften Glykogenvorräte nicht zu mindern und um günstige Voraussetzungen für die Energiegewinnung zu schaffen. Der Körper kann nämlich aus verschiedenen Gründen aus Kohlenhydraten leichter Energie gewinnen als aus Fetten.

Mit dem «Supertreibstoff» Kohlenhydrate können Muskel-, aber auch Gehirn- und Nervenzellen am besten arbeiten. Leistungsspitzen, also hohe Geschwindigkeiten, intensive und intervallartige Belastungen werden immer über die Kohlenhydratverbrennung bestritten. Von einer kohlenhydratreichen Ernährung profitieren also Skilangläufer und alpine Skisportler gleichermaßen.

In der Praxis des Wintersports hat sich bestätigt, daß in hohen Lagen ein großes Bedürfnis nach kohlenhydratbetonter Kost besteht. Wer längere Touren oder kräftezehrende Abfahrten durchstehen will, kommt nicht umhin, kohlenhydratreich zu frühstücken (Brot, Müsli, Obst, Fruchtsäfte, Ho-

nig, Konfitüre) und sich das richtige Proviantpaket für unterwegs zu schnüren.

Die folgenden Vorschläge für den «Zwischendurchverzehr» sind so gestaltet, daß die Energie vorrangig in Form von Kohlenhydraten bereitgestellt wird, gleichzeitig aber ein gewisser Anteil von Fetten vorhanden ist, die wegen ihres hohen Kaloriengehaltes das Volumen der Ration gering halten und anhaltend sättigen. Darüber hinaus sind wichtige Mineralstoffe – vor allem Kalium und Magnesium – enthalten.

Proviantbeispiele und Zwischenmahlzeiten

Vollkornbrot, dünn mit Frischkäse bestrichen, Vollkornkekse, trockener Vollkornkuchen, Vollkornzwieback, Fruchtschnitten, Müsliriegel, KANNE-SPORT KRAFTRIEGEL, Trockenobst mit Soja- oder Sonnenblumenkernen gemischt, Tee mit Zitronensaft und leicht gesüßt in der Thermoskanne. Besteht Zeit für eine längere Pause (ca. 45 Minuten), kann auch eine Tasse heiße Gemüsebrühe, warme Honigmilch oder Trinkschokolade getrunken werden.

---

2. Bausteine für den Erfolg

Von der Nährstoffgruppe Eiweiße bzw. Proteine profitieren besonders alle Wintersportler, die in bezug auf Schnellkraft, Konzentration und Geschicklichkeit gefordert werden, z. B. beim Abfahrtslauf, Skispringen, Eisschnell-Lauf und Bobrennen. Als Nährstoff mit Aufbaufunktion ist Eiweiß unentbehrlich für die Erhaltung und den Aufbau von Körpersubstanz (letzteres z. B. beim Krafttraining), aber auch für die Gewährlei-

stung eines erhöhten «Stoffumsatzes» bei vermehrter körperlicher Aktivität. Gegenüber dem nichtsporttreibenden Erwachsenen erhöhen sich daher die täglichen Proteinzufuhrempfehlungen von 0,8–1,0 g pro kg Körpergewicht beim Skilangläufer auf ca. 1,2 g und beim alpinen Skisportler auf ca. 1,5 g Eiweiß pro kg Körpergewicht.

Die Deckung des Eiweißbedarfs ist bei der heutigen Ernährung im allgemeinen kein Problem. Vielmehr ergibt sich die Notwendigkeit, darauf hinzuweisen, daß die Eiweißaufnahme nicht nur oder hauptsächlich aus tierischen Lebensmitteln wie Fleisch, Wurst, Ei, Fisch und Molkereiprodukten erfolgen sollte. Mit diesen Lebensmitteln werden Fett und Cholesterin sowie teilweise Harnsäurebildner aufgenommen. Es ist daher empfehlenswert, einen guten Teil der täglichen Eiweißzufuhr aus pflanzlichen Lebensmitteln wie Getreideprodukten, Kartoffeln und bestimmten Gemüsen (Erbsen, Mais, Bohnen) zu bestreiten. Damit erhöht sich auch automatisch der von der Sporternährungswissenschaft gewünschte vorteilhafte Kohlenhydratanteil in der Ernährung. Das riesige Steak ist also längst nicht mehr das Supernahrungsmittel für Sportler schlechthin. Hochwertige und schmackhafte Proteinmischungen ergeben sich insbesondere aus der Kombination von Getreide (Vollkorn) und Milchprodukten – z. B. Brot mit Quark oder Käse, Müsli mit Frisch- oder Sauermilch, Nudeln mit Käse überbacken.

3. Vitamine sind lebenswichtige Schutz- und Reglerstoffe

Sie liefern keine Energie, sind aber als Coenzyme an der Stoffwechselsteuerung beteiligt, z. B. Vitamin B_1 – vorzugsweise aus Vollkornprodukten – am Kohlenhydratumsatz, Vitamin B_6 – beispielsweise aus Getreide und Milchprodukten – am Eiweißstoffwechsel. Ein Vitaminmangel beeinträchtigt verhältnismäßig rasch Gesundheit, Leistung und Wohlbefinden.
Vitaminreich sind vor allem frisches Obst und Gemüse, Vollkornprodukte, Sauer- und Frischmilch, Fisch, fettarmes Fleisch und Eier (ca. 3–4 Stück

wöchentlich sind ein guter Anhaltspunkt). Und mit frischen Küchenkräutern kann man nicht nur würzen, sondern die Speisen auch mit Vitaminen aufwerten.
Zur Verbesserung bzw. Absicherung der Nährstoffversorgung wird im Sport auch gerne auf eine natürliche *Nahrungsergänzung bzw. Nahrungsaufwertung* zurückgegriffen. Hier eignen sich aufgrund ihres breiten Spektrums an Mineralstoffen – Mengen- und Spurenelemente wie Kalium, Magnesium, Eisen und Zink – sowie an Vitaminen Weizenkeime, Hefeflocken und KANNE-FERMENT GETREIDE. Diese Produkte können zur Anreicherung von fruchtig-süßen oder pikant-würzigen Speisen (Suppen, Salate, Soßen, Nachspeisen) oder auch Getränken verwendet werden.
Eine gezielte Nährstoffsubstitution im Leistungssport – beispielsweise mit Magnesium oder Eisen oder Vitaminpräparaten – sollte mit dem Arzt abgestimmt werden. Diese «Zusatzversorgung» sollte aber niemals die Bemühungen um eine vollwertige Ernährung ersetzen.

4. Der Flüssigkeitshaushalt

Ein vieldiskutiertes Thema in allen Sportdisziplinen ist die Frage nach der geeigneten Flüssigkeitsaufnahme. Wer Sport treibt, schwitzt viel. Der Wasserhaushalt des Körpers ist dabei untrennbar mit dem Mineralstoffhaushalt verbunden. Schweiß ist bekanntlich eine schwache Salzlösung. Das geeignete Getränk im Sport soll den Durst löschen, zum Ersatz von Wasser- und Mineralsalzverlusten beitragen und muß bekömmlich sein.

Wasserverluste sollten rechtzeitig ausgeglichen werden. Nicht aufgefüllte Wasser- und Mineralstoffdefizite beeinträchtigen Leistung, Gesundheit und Wohlbefinden durch Bluteindikkung, Wärmestau und Verkrampfungsanfälligkeit der Muskulatur.

Auch Wintersportaktivitäten machen durstig, doch sollte wegen der Kreislaufbelastung und Beeinträchtigung der Reaktionsfähigkeit (Unfallgefahr!) vor und während des Sports auf Alkohol verzichtet werden. Am Abend bestehen Zeit und Gelegenheit für ein Glas Wein oder Bier in gemütlicher Runde. Trinken Sie jedoch nach dem Sport lieber erst einmal ein Glas Apfelsaftschorle oder Gemüsesaft – der Regeneration wegen.

Welche Getränke sind empfehlenswert?

In der vollwertigen Basisernährung (abwechslungsreiche Mischkost) und in der Ernährung an Trainingstagen kann der Sportler aus den folgenden Beispielen nach persönlichem Geschmack und individueller Verträglichkeit auswählen:

Mineralwasser (vorzugsweise magnesiumreich im Bereich von ca. 100 mg und mehr Magnesium pro Liter; steht auf dem Etikett), Fruchtsaft-Schorlen (Fruchtsäfte sind kaliumreich, mit magnesiumhaltigem Mineralwasser mischen), Tee mit frischgepreßtem Zitronen- oder Orangensaft, KANNE-BROTTRUNK (dieses milchsauer vergorene Getränk auf Vollkornbrotbasis kann auch gut mit Apfelsaft, Gemüsesaft oder Mineralwasser gemischt werden), Fruchtsäfte, Gemüsesäfte – auch milchsauer vergoren, fettarme Gemüsebrühe auf Hefebasis

(KANNE-BROTTRUNK kann als erfrischende Abreibung auch äußerlich angewendet werden).

In der Wettkampfsituation im Leistungssport ist es ganz wichtig, alle Getränkeempfehlungen rechtzeitig auf persönliche Verträglichkeit zu prüfen. Probieren Sie schon während des Trainings aus, was Ihnen bekommt.

Während des Wettkampfs eignen sich:
-   Tee mit Zitronensaft und leicht gesüßt (nicht mehr als 1 Teelöffel Honig oder Zucker pro 100 ml!),
-   Tee angereichert mit sogenannten Oligosacchariden (Maltodextrine, ca. 2 Teelöffel / 100 ml),
-   Apfelsaft mit Mineralwasser verdünnt (1 : 2).

Sportlergetränke, die hauptsächlich Kochsalz (NaCl) ersetzen, sind nicht empfehlenswert, da die Ernährung heute allgemein kochsalzreich ist. Ein hoher Zuckergehalt im Getränk (wie bei Limonaden) kann die Magenentleerung verzögern. Milch ist aufgrund der hohen Dichte an Nährstoffen (u. a. Eiweiß und Fett) mehr als ein Getränk und sollte nicht kurz vor dem Sport oder in kurzen Pausen genossen werden.

Was das richtige Trinkverhalten betrifft, so sollte man bei längerdauernden sportlichen Einsätzen lieber häufiger kleine Getränkeportionen/ Pausenschlucke wählen. Langsames, d. h. schluckweises Trinken ist ganz wichtig für das Magen-Darm-Wohlbefinden.

Ernährungsplan für Wintersportler

Morgens:

Ausgiebiges kohlenhydratreiches Frühstück auf der Basis von Getreide, Obst und Milchprodukten, ergänzt mit Tee, Kaffee und fettarmem Aufschnitt.

Mittags:

Kleiner Imbiß – z. B. Käsebrot mit Tasse Gemüsesuppe – genügt. Diese kleine Mahlzeit wärmt auf, belastet nicht und macht nicht müde.

Zwischendurchverzehr:

(vormittags und nachmittags):
Kleiner Snack, d. h. die richtige Kombination aus energiespendenden Kohlenhydraten, Ballaststoffen, Mineralstoffen und Vitaminen – wie KANNE-SPORT KRAFTRIEGEL –, stabilisiert den Blutzuckerspiegel und damit die Leistung. Trinken nicht vergessen!

Abends:

Jetzt besteht Zeit und Gelegenheit für ein ausgiebiges Essen, für das Genießen in angenehmer Umgebung und Stimmung – also die Regeneration.
Wie wäre es mit (viel) Pellkartoffeln, Käseraclette, dazu frischer Salat und anschließend ein süßer Nachtisch – z. B. heiße Kirschen oder Brombeeren mit Vanilleeis? Ebenso geeignet sind auch gegrillter oder gedünsteter Fisch mit Reis und Gemüse. Als Dessert gibt es ein Fruchtsorbet. Ebenfalls empfehlenswert: ein italienisches Nudelgericht und als Nachtisch ein frischer Obstsalat.
Die am Tag verbrauchten Kohlenhydrate müssen jetzt wieder aufgefüllt werden. Wer rechtzeitig daran denkt, kann mit entsprechender Leistungsfähigkeit und guter Laune am nächsten Sporttag rechnen.

Literaturhinweise zur Ernährung

BILLIGMANN, P.: Natürliche Ernährung und Leistungssport. In: Wissenschaftliche Untersuchungen zum Thema Kanne-Brottrunk, Kanne Fermentgetreide, Lünen 1988, S. 72–82.

HAMM, M.: Richtig ernährt in den Wintersport. In: Sport und Gesundheit 1/84, S. 16, 17.

HAMM, M./WEBER, M.: Sporternährung praxisnah. Weil der Stadt 1988.

LAGERSTRØM, D./HAMM, M.: Gesund und fit durch Skilanglauf. In: Herz, Sport und Gesundheit 4 (1987), Heft 1, S. 12–14.

Anhang

Begriffe
zum besseren Verständnis

Äußerer Kraftschluß:
Optimaler Kontakt zwischen Fahrer und Schnee, der einen guten Informationsfluß, schnelle Reaktion auf äußere Kräfte und eine Nutzung der äußeren Kräfte für die eigenen Absichten erlaubt.

Ausgleichen:
Mulden und Buckel werden durch Strecken und Beugen der Beine und der Hüfte nach Möglichkeit so ausgeglichen, daß sich eine ruhige Fahrt ergibt und der Druck auf die Ski nicht zu stark wechselt.

Außenhandräumen:
Vorchecken oder alleiniges Beiseitedrücken der Kippstange mit der Außenhand.

Bahnensplitting:
Abweichung der Skispur und der Körperbahn voneinander im Verlauf eines Schwunges.

Beinedrehen:
In der Beinspieltechnik zusammen mit dem Gegendrehen von Rumpf und Armen Hauptmechanismus der aktiven Skidrehung. Möglich als unteres Beinspiel durch Drehen der Füße und der Unterschenkel mit ausgeprägtem Kniekurbeln oder als oberes Beinspiel durch Drehen des ganzen Beines aus der Hüfte heraus. In anderen Techniken ist das Beinedrehen nur eine Aktion unter anderen.

Beinspieltechnik:
Schwungtechnik, der Prof. S. Krukkenhauser seit 1955 weltweit Geltung verschaffte. Beruhend auf dem Hauptmechanismus Beinedrehen – Rumpfgegendrehen entwickelte sich eine große Zahl von Schwungformen.

Belasten:
Bewußtes Verteilen des Gewichtes auf dem Ski. Erfolgt vor allem nach einem Schritt oder einer Entlastung. Aber auch beim Schußfahren und Schwingen kommt es zu einer ständigen Belastungsregulation.

Blockbildung:
Verstärkter Kraftschluß im ganzen Körper, der u. a. eine Synchrondrehung erlaubt.

Blocktechnik:
Schwungtechnik, die sich durch leicht drehbare Ski auf unproblematischen Pisten entwickelt hat. Die Drehung von Ski und Körper erfolgt synchron wie im Block.

Bodycheck:
Alleiniges oder endgültiges Beiseitedrücken der Kippstange mit dem Körper.

Centertechnik:
Aktionen und Mechanismen, die sich nicht nur auf die Beine konzentrieren, sondern in der Körpermitte ansetzen und den ganzen Körper betreffen.

Diagonalspannung:

Schräg von der Großzehe zur Ferse verlaufende Drehspannung im Fuß kurz vor dem Abdruck zum Schritt.

Diagonalstellung:

Fahrstellung der Schrägfahrt oder Kurve, bei der Knie-, Hüft- und meist auch Schulterachse entsprechend der Verschiebung der Ski schräg zur Fahrtrichtung stehen. Der Tal- oder Außenarm wird entsprechend der Kreuzkoordination wie das gegenüberliegende Bein geführt.

Diagonaltechnik:

Schwungtechnik, die sich in den 80er Jahren im Rennlauf entwickelt hat. Der Schwung wird mit einem Diagonalschritt und sofortigem Wechsel der Diagonalstellung eingeleitet, wodurch in der Regel auch bereits vor dem Drehen umgekantet wird.

Einhandräumen:

Vorchecken oder alleiniges Beiseitedrücken der Kippstange mit immer derselben Hand.

Entlasten:

Verringerung oder Auflösung der Belastung auf dem Ski durch Bodenkräfte oder Bodenformen, durch Schritte oder durch ein rasches Hoch- oder Tiefgehen.

Fersen(dreh)schub:

Betont unteres Beinspiel mit starker Kniearbeit.

Funktionsspannung:

Muskuläre Körperspannung auf einem erhöhten Niveau, die die rasche Aktions- und Reaktionsfähigkeit sichern soll.

Gegendrehen:

Drehen des Rumpfes, vor allem der Hüftquerachse, gegen das Drehen der Beine.

Gleiten:

Skitechnisch spricht man vom Gleiten, wenn sich die Ski ausschließlich oder vornehmlich in ihrer Längsrichtung bewegen. Allgemein gilt es als das elementarste Erlebnis dieses Sportes, das aber in vielen Facetten und Nuancen, wie etwa dem sanften oder dem rasanten Gleiten, empfunden wird.

Hüftcanting:

Abwinkeln der Beine gegen die Hüftachse. Im Pflug gegeneinander und in der Schrägfahrt oder im Schwung miteinander. Dadurch werden die Ski verstärkt aufgekantet.

Hüftkick:

Hochziehen der Innenhüfte während des Diagonalschrittes, das zum Strecken und Einstemmen des Außenbeines beiträgt.

Hüftknick:

Seitliches Abbiegen der Lendenwirbelsäule bei aufrechtem Oberkörper, meist unterstützt von einem seitlichen Beugen der Knie.

Innenhandräumen:

Vorchecken oder alleiniges Beiseitedrücken der Kippstange mit der Innenhand. Meist verbunden mit einer großräumigen Armbewegung von außen nach innen.

Innerer Kraftschluß:

Kraftvolle Verspannung von Körper, Körperteilen, Stöcken, Schuh und Ski zu einer Funktionseinheit, die äußere Kräfte auffangen und eigene Kräfte mobilisieren kann.

Jetten:

Vor- und Hinausschnellen der Ski zur Schwungeinleitung. Der dadurch flach gestellte und nur noch hinten belastete Ski läßt sich leicht drehen. Da der Fahrer dabei eine Gleichgewichtsschuld eingeht, kommt dem Abfangen des Schwerpunktes und des Schwunges besondere Bedeutung zu.

Kippen:

Wechsel der Körperbahn über die Skibahn zur Einnahme der neuen Kurvenlage. Als Kippen der Knie, der Hüfte oder des Oberkörpers.

Kniekurbel:

Vorwärts-einwärtsschwenken der Knie in der Beinspieltechnik.

Kommastellung:

Sammelbegriff für Hüftknick, Vor-Seitbeugen, Hüftcanting und taloffene Stellung.

Körperbahn:

Kurve, die die Körpermasse vorgestellt auf der Hüftebene im Schwungverlauf zurücklegt.

Kreuzkoordination:

Gegenläufige Bewegung von Beinen und Armen beim Gehen, Laufen und Schwingen.

Parabolstellung:

Fahrstellung, in der Oberschenkel und Wirbelsäule eine nach vorne offene Parabel (Kurve) bilden.

Pedalbewegung:

Schrittausführung, bei der ähnlich wie beim Fahrradfahren ein Bein deutlich gestreckt und das andere stark gebeugt wird.

Pendelbewegung:

Ausladendes Schwingen von Armen oder Körper.

Phasen:

Zeit- und Fahrabschnitte beim Schwingen wie Vorbereitungs-, Auslöse- und Steuerphase; oder Aktionsphasen, die schwerpunktmäßig Aktionen im Schwung zusammenfassen wie Druck- und Schrittvorbereitung oder Schritt- und Positionswechsel.

Pronationsgriff:

Belasten von Fußballen und Großzehe beim Beugen des Fußes vor dem Abdruck zum Schritt.

Rotationstechnik:

Schwungtechnik, die bis ca. 1955 vorherrschte. Die Drehung des Körpers in die neue Richtung wird in den Hüften abgestoppt und so auf die Ski übertragen.

Rutschen:

Typische Fortbewegung auf Ski über den Schnee. Skitechnisch spricht man vom Rutschen, wenn sich die Ski stark oder völlig quer zur Längsrichtung über den Schnee bewegen.

Scheren:

Auseinanderlaufen oder -setzen der Skispitzen, das zu einer anhaltenden Scherstellung oder zu einem verstärkten Schrittabstoß wie beim Schlittschuhschritt führt.

Schneiden:

Gleiten auf den Kanten ohne jede Querdrift. Geschnittene Schwünge gelten als hohes Ideal guten Skifahrens.

Ski halten:

Weiterführen der Ski in ihrer Richtung und gleichzeitiges Festhalten gegen seitliches Rutschen.

Skistellung:
Lage der Ski zueinander, als parallel offene oder geschlossene Stellung, als Winkelstellung mit auseinandergenommenen Skienden, und als Scherstellung mit auseinandergenommenen Skispitzen.

Stemmen:
Auseinanderführen der Skienden, das zum Pflügen, anhaltender Winkelstellung wie beim Halbpflug oder zu einem speziellen Schritt führt, bei dem ein Teil der Richtungsänderung bereits so vorweggenommen wird.

Steuern:
Allgemein für Lenken des Skis. Speziell ist die Führung des sich drehenden Skis im Schwung gemeint.

Trampolinprinzip:
Schwungtechnik, bei der Auslösen und Abfangen des Schwunges einem Ab- und Aufspringen gleicht. Häufig sind dabei beide Ski zeitweilig in der Luft.

Umkanten:
Wechsel der Skikanten bei einer Richtungsänderung oder einem Geländewechsel wie einem Graben oder einer Mulde. Letzterer vollzieht sich automatisch, ersterer durch einen Schritt und/oder Wechsel der Kurvenlage.

Umsteigetechnik:
Schwungtechnik, die seit 1961 von E. Gattermann postuliert und seit 1967 im deutschen Skilehrplan angeboten wird. Das Beinedrehen beginnt mit oder nach einem Schritt. Die Beine bewegen sich unabhängig voneinander. Der Rumpf dreht gegen die Beine.

Unterfahren:
Placieren des Skis am Ende des Schwunges zum Abfangen und Wiederherstellen des Gleichgewichtes nach einem hohen Bahnsplitting.

Vertikalbewegung:
Beugungen und Streckungen des Körpers, um Ski zu ent- oder verstärkt zu belasten, um den Skiwechsel zu erleichtern oder um den Wechsel der Kurvenlage zu unterstützen.

Verwindungsstellung:
Fahrstellung der Schrägfahrt oder Kurve, bei der Knie-, Hüft- und Schulterachse schräg zur Fahrtrichtung stehen und der Außenarm in dieses Gegendrehen einbezogen ist. Auch Torsionsstellung genannt.

Vorbelastung:
Belastung des kommenden Außenskis noch im Aussteuern des vorhergehenden Schwunges.

Vor-Seitbeugen:
Seitliches Beugen der Knie und der Lendenwirbelsäule bei vorgebeugtem Oberkörper, wodurch die Ski verstärkt aufgekantet werden. Variante des Hüftknicks.

Literaturhinweise

BREHM, WALTER: Skifahren. Reinbek bei Hamburg 1986.

BREHM, WALTER: Skigymnastik. Reinbek bei Hamburg 1989.

BREHM, WALTER: Skilfahren für Kinder und Jugendliche. Reinbek bei Hamburg 1978/1987[3].

Deutscher Skiverband (Hg.): Skisport an Schulen (Schriftenreihe des DSV, Heft 2). Bearb. v. HANNO KEGEL, HARALD MAIER u. KLAUS REUTER. München 1988

Deutscher Verband für das Skilehrwesen, Skilehrplan Band 1–5, München 1981–1985.

Deutscher Verband für das Skilehrwesen, Deutsche Skischule – Kurzlehrplan, München 1983.

FEHR, HUBERT/SCHMIDT, ALFONS: Unterrichtsmaterialien Ski. Schorndorf bei Stuttgart 1985[2].

FETZ, FRIEDRICH (Hg.): Lexikon des alpinen Skifahrens. Innsbruck 1975.

GAMS, ANDREAS: Skifitness. Übungen für zu Hause. Reinbek bei Hamburg 1988.

GATTERMANN, ERHARD/KUCHLER, WALTER: Wedeln – Umsteigen – Universeller Skilauf. Böblingen 1984.

GRÖSSING, STEFAN (Hg.): Skisport – sicher und gesund. Wien 1986.

HOPPICHLER, FRANZ: Ski mit uns. Die österreichische Skischule. Salzburg 1985.

HOTZ, ARTURO: Qualitatives Bewegungslernen. Zumikon 1986.

ILLI, URS: Spiel auf Ski. Zürich 1975.

KASSAT, GEORG: Schein und Wirklichkeit parallelen Skifahrens. Münster 1985.

KUCHLER, WALTER: Skiunterricht. Band 8 des Deutschen Skilehrplanes. München 1987.

KUCHLER, WALTER: Skizirkus. Böblingen 1985.

LARSSON, OLLE / MAJOR, JAMES: Skitechnik der Weltmeister, München 1980.

MÜLLER, ERICH: Biomechanische Analysen alpiner Schilauftechniken. Innsbruck 1986.

MÜLLER, HUBERTUS: Elternskibuch. Reinbek bei Hamburg 1988.

Österreichischer Arbeitskreis Schilauf in der Schule: Schilehrplan der Schulen, Band 1–4. Wien 1976–1982.

ORTNER, SEPP: Stil und Technik des Skirennlaufs. Wien 1988.

PETROVIČ, KREŠIMIR/BELEHAR, IZTOK/PETROVIČ, ROK: Neues in der Skitechnik und Methodik. Basel 1988.

Schweizerischer Interverband für Skilauf: Ski Schweiz (Lehrplan). Bern 1985.

TSCHERNE, FRIEDRICH (Red.): Ski-Terminologie in 6 Sprachen. Berwang/Tirol 1986.

Fotonachweis

J. Fausel: Seite 43
Bernd Gottwald: Seite 173
Rowohlt: Seite 156/157
S. Minkoff: Seite 171

Die Fotos auf den Seiten 43 und 171 sind als Erstveröffentlichung im «SkiMagazin» erschienen.

Abbildungen Seite 130–137:
Stefan Kiefer
Illustration Artwork Atelier

Der Autor

Dr. Walter Kuchler, Jahrgang 1932.
Studium der Philosophie,
Pädagogik und Theologie.
1952 Lehrwarteprüfung beim
Deutschen Skiverband
1959 Ausbilderprüfung beim
Deutschen Skiverband
1964 Staatlich geprüfter Skilehrer
1966–1988 Mitglied der Lehrplan-
kommission des Deutschen Verbandes
für das Skilehrwesen
1968 Wissenschaftspreis des
Deutschen Sportbundes
Seit 1959 tätig in der Aus- und Fort-
bildung von Skilehrern,
tätig in verschiedenen Kommissionen
und Aufgabengebieten des
Skilehrwesens
1967–1988 Mitarbeit am
Deutschen Skilehrplan
Institutsdirektor im Fach Sport
an der Universität Dortmund
Autor mehrerer Skibücher und vieler
Fachartikel

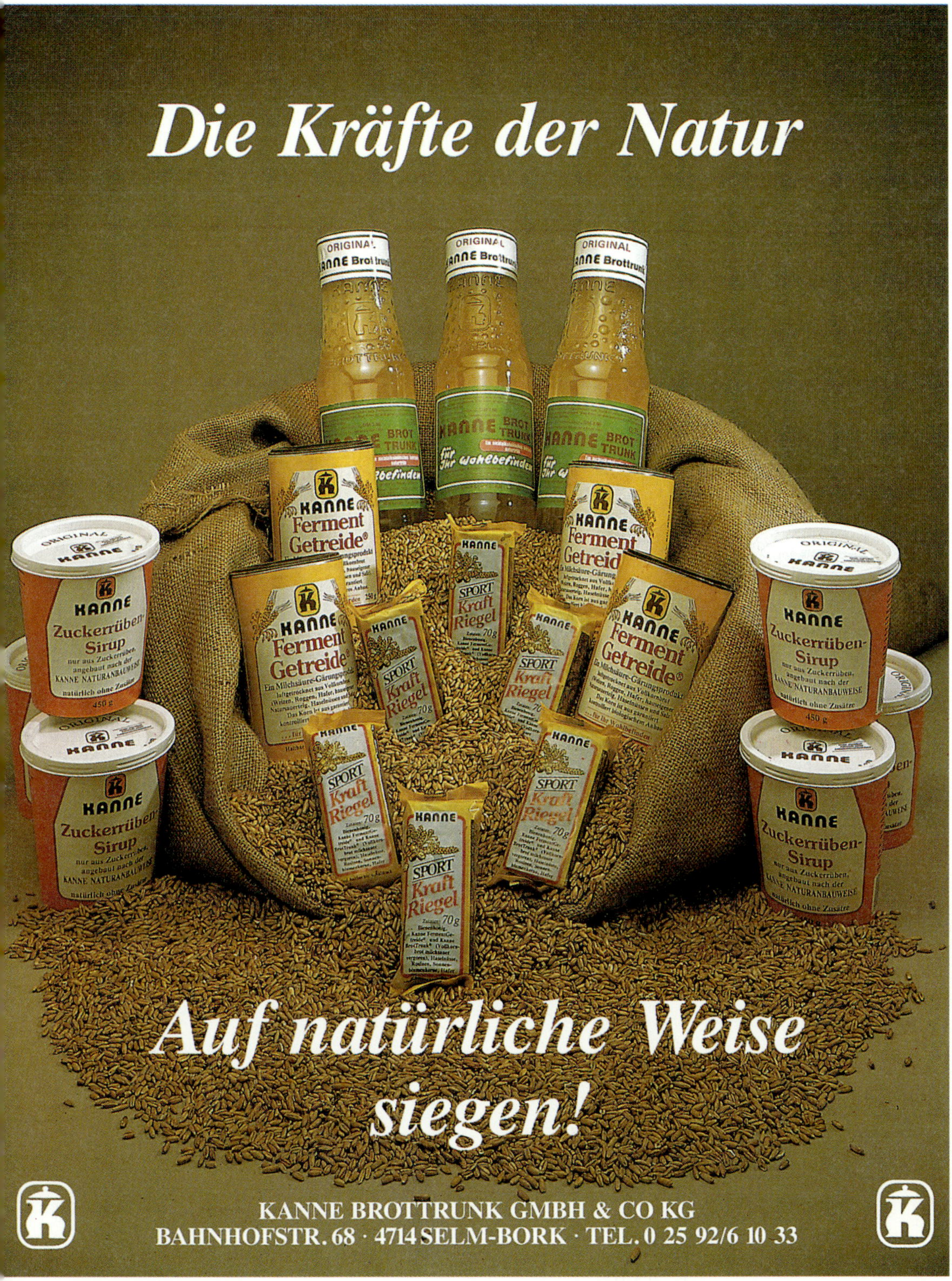

Die Kräfte der Natur

Auf natürliche Weise siegen!

KANNE BROTTRUNK GMBH & CO KG
BAHNHOFSTR. 68 · 4714 SELM-BORK · TEL. 0 25 92/6 10 33

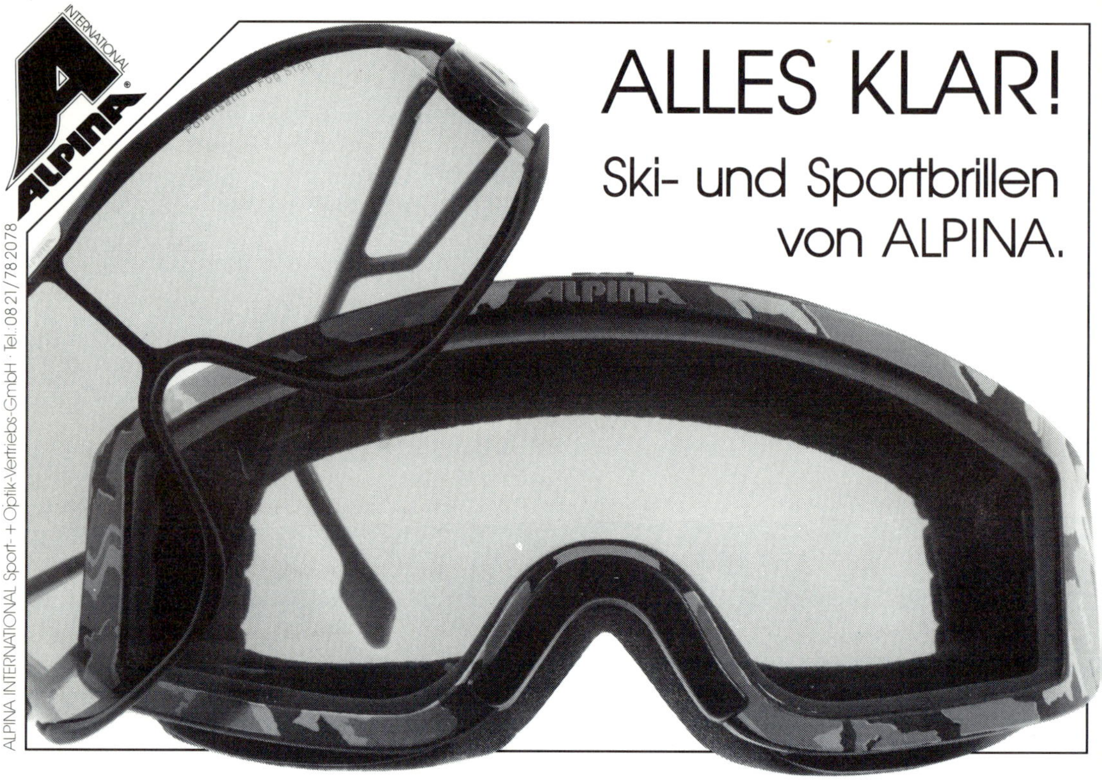

ALPINA INTERNATIONAL Sport- + Optik-Vertriebs-GmbH · Tel. 08 21/78 20 78

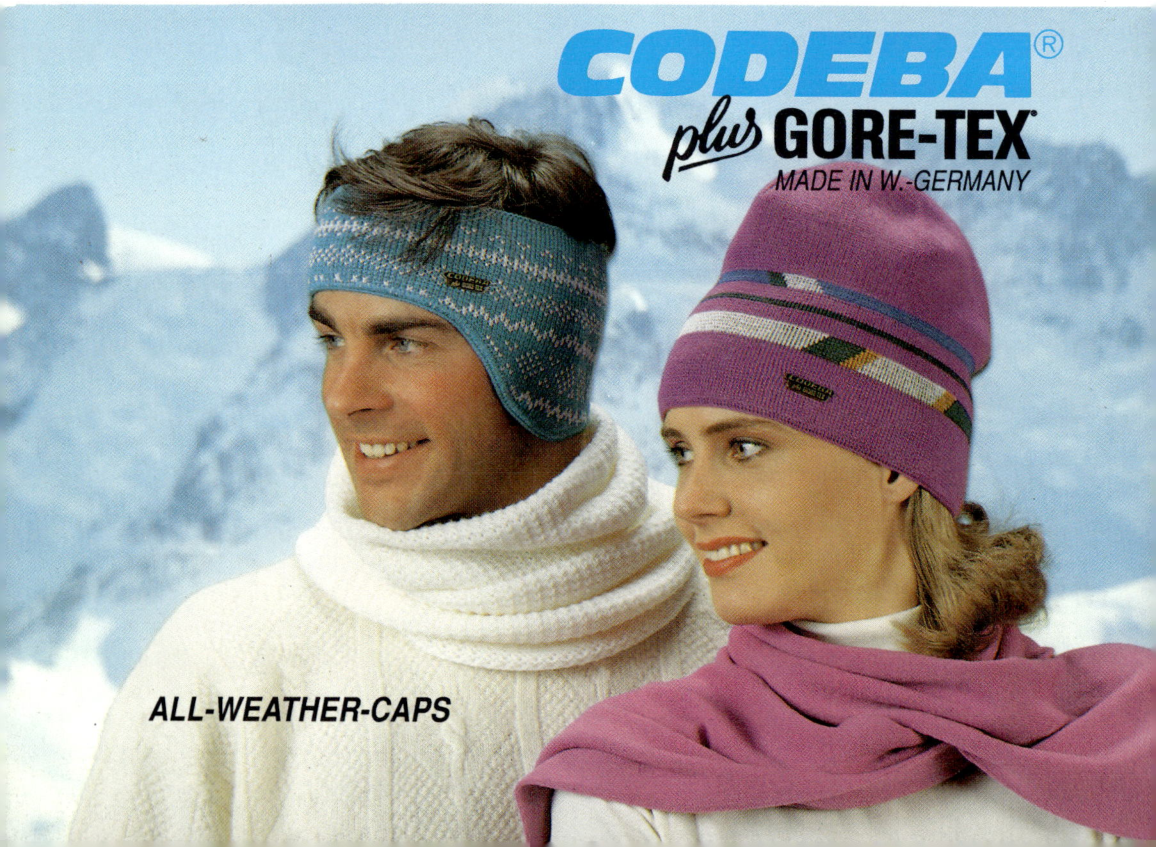

ALLES KLAR!

Ski- und Sportbrillen
von ALPINA.

CODEBA®
plus GORE-TEX®
MADE IN W.-GERMANY

ALL-WEATHER-CAPS

Weltmeister stehen auf VÖLKL P9

Die Erfolge bei der SKI-WM ALPIN 1989 in Vail/USA sprechen für VÖLKL P9.
Hansjörg Tauscher,
Abfahrts-Weltmeister '89
Maria Walliser,
Abfahrts-Weltmeisterin '89
Brigitte Oertli, Bronzemedaille in der Kombination '89

VÖLKL P9 mit „DOUBLE SINT" – dem Belag mit dem Luftpolster-Effekt. Da läuft die Zeit hinterher.

Völkl®
SKI·TENNIS·GOLF

TMUNGSAKTIV
-WAY 2000

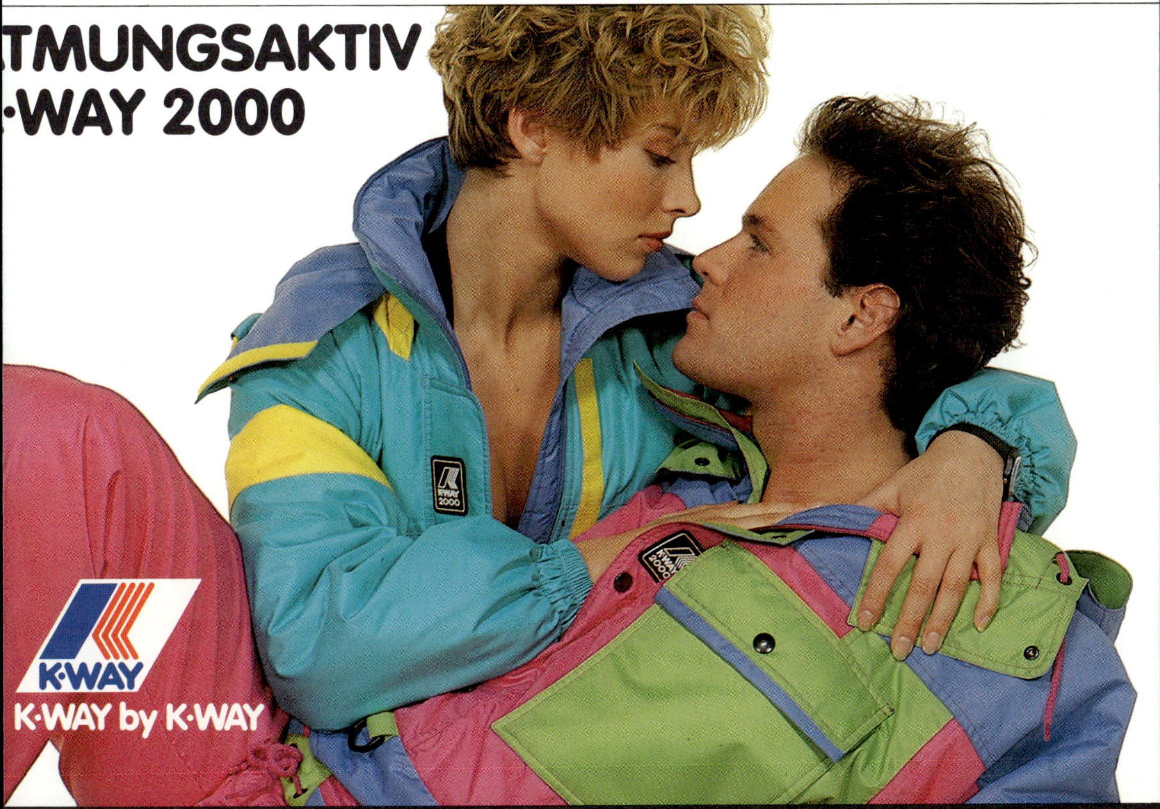

K·WAY
K·WAY by K·WAY

GESAMTAUSRÜSTER · ALBERTVILLE · WINTEROLYMPIADE 1992

MARKER TWINCAM. *Technology that makes a difference*

MARKER®
SKIBINDUNGEN

VIEL SPASS

Mit dem neuen ALBONA werden Ihnen lang
Aufstiege kürzer und schwierige Route
leichter vorkommen. Weil er den Beinen vi
mehr Bewegungs-Freiheit läßt, als Ihr alte
Schuh: 43° nach vorn und 16° nach hinter
Und bei der Abfahrt erweist sich Ihr neue
ALBONA als kraftsparendes Lenkgerä
Z.B. weil Sie am Multi-Regulator die Vorlag
ganz individuell programmieren können: a
komfortable 11° oder auf rasante 16°. − E
kommt noch besser: Im ALBONA steckt ei
herausnehmbarer Innenschuh, wie Sie ih
sich schon lange gewünscht haber
Anatomisch perfekt gemach
Mit atmungsaktivem
wasserdichtem Sympatex
mit Relax-Sohle, Profil-Lau
sohle u.v.m. − Frage
Sie Ihren Fachhändle

koflach

Die erfolgreichste Schalen-Bergschuh-Marke der We